Horst Krüger

Fremde Vaterländer

Horst Krüger

Fremde Vaterländer

Reiseerfahrungen
eines Deutschen

R. Piper & Co. Verlag
München

ISBN 3-492-01896-3
Titelnummer 1896

Gesetzt aus der Intertype-Walbaum
Gesamtherstellung: Graph. Werkstätten Kösel, Kempten
Printed in Germany

Inhalt

Die weiße Stadt

Erfahrungen in Jugoslawien

Blinder Anflug

Zuschlagen die Tür, die Wohnung abschließen, den Schlüssel wegwerfen – Traum immer wieder: Traum wegzugehen, aufzubrechen, auszubrechen aus dem Zuhause, Flucht in die Fremde –: ich frage mich, geht das eigentlich noch? Ist das noch möglich: alter Odysseus, der Abenteurer der Fremde? Gibt es noch Fahrten zu fremden Völkern? Wo ist denn noch anderswo? Wo immer man sich hinwendet, man kommt an, wo man war. Der Igel ist immer schon da vor dem Hasen. Die Welt wird sich immer ähnlicher, gleichförmiger. Sie schrumpft in die Zukunft hinein. Einmal wird sie ein Glaspalast sein, durchsichtig von allen Seiten.

Diese gläserne, helle Geschäftigkeit aller Flugplätze zum Beispiel: New York oder Rom, Stockholm oder Frankfurt – wie soll man das unterscheiden? Düsenjets sind keine fliegenden Zauberteppiche. Ihre nationalen Embleme sind lächerlich, aufgeklebte Plaketten. Ein Jet ist haargenau wie der andere, ein schlanker Radiergummi, der Raum und Zeit wegwischt, die Welt zu einem leeren, weißen Blatt macht, das flattert im Winde – wohin geht eigentlich die Reise? Düsenjets zelebrieren immer die gleichen Riten: Kapitän Cook und seine Mannschaft begrüßen Sie. Wir werden eine Flugzeit von einer Stunde vierzig Minuten haben. Wir fliegen in neuntausend Meter Höhe. Die Bonbons, die die Stewardeß mit dem halbgefrorenen Lächeln aller Stewardessen auf einem kleinen Tablett verteilt: Lutscheffekt. Dann Tonbandmusik, die beruhigen soll. Dann die Lichtzeichen: Bitte anschnallen, das Rauchen einstellen. Wohin geht eigentlich die Reise?

Und oben dann, die Sicherheitsgurte schon gelöst, erste Rauchwölkchen blasend, den dunklen Brummton der Düsen im Ohr, gibt es immer das gleiche fade Essen, das man garnicht will, das in viele Zellophantüten und Plastikteller verpackt, so unendlich lieblos und leer, also amerikanisch, also nach nichts schmeckt. Man hat meistens Schwierigkeiten mit den Ellbogen beim Versuch, ein Hühnerkeulchen mit einem Plastikbesteck zu schneiden. Es ist alles zu eng, zu auskalkuliert, zu vorfabriziert hier, und auch der Blick aus dem Fenster ist meistens nichtssagend. Es ist, als wenn man auf eine Landkarte guckt. Atlasansichten: Städte, Flüsse, Berge, Felder. Ist das also die Welt? Es gibt keine Grenzen mehr: Kapitalismus oder Kommunismus? Das ist nicht mehr auszumachen. Von oben ist alles gleich.

Und wirklich: auch der Flughafen hier ist wie eben alle Flughäfen: die graue, endlose Piste, die Lichter am Rand, in der Ferne das Hauptgebäude, auf dem Turm der Radarschirm, der sich dreht. Die Dunkelheit so sieben Uhr abends; etwas wie Nebel und Diesigkeit ist draußen zu erkennen – warum komme ich eigentlich immer abends auf Flughäfen an? Die Monteure, die Techniker, die Gangway, die angefahren wird. Die Leute, die nun dem Ausgang zudrängen, das halbgefrorene Lächeln der Stewardeß beim Abschied. Dann draußen Atemholen, Prüfen, Erstaunen. Das Wetter dasselbe? Es ist kalt und feucht, Februarluft. Und auch die Empfangshalle ist eigentlich dieselbe: automatische Türen, Glas, Neonlicht, Chrom, Teakholzbarrieren. Das strenge, etwas verkniffene Gesicht der Einreisebeamten, die einem mit einem letzten Blick prüfen beim Zurückgeben des Passes. Wohin ging eigentlich die Reise?

Und dann im Taxi die Einfahrt in die Stadt. Alle Flughäfen scheinen ziemlich präzise siebzehn Kilometer außerhalb zu liegen. Man hat also eine längere Anfahrt, und die Anfahrt ist wieder enttäuschend, weil wie überall. Erst kommt immer garnichts, dann Dunkelheit, dann ein Kreisel, eine Reihe von Abzweigungen, dann ein kleines Stück Autobahn. Dann plötzlich taucht aus dem Hintergrund Licht auf. Helle Stadtlandschaft: Wohntürme, Hochhäuser, Einkaufszentren, Bungalows dazwischen, so eine richtige strahlende Trabantenstadt aus dem Baukasten aller Urbanisten, und ich sage etwas enttäuscht: Mein Gott, das ist ja, als wenn ich nach Hause käme. Einfahrt von Bad Homburg, Frankfurt Nordweststadt. Weiße Wolkenkratzer, Grünflächen, Peitschenlampen, Parkplätze, auf denen VWs, Peugeots stehen. Auf den Dächern ein Wald von Fernsehantennen. Die Welt wird sich immer ähnlicher: einmal wird sie ein Glaspalast sein. Wohin ging eigentlich die Reise?

Und dann, auch das ist überall gleich, geht es immer über eine Brücke. Alle wichtigen Städte liegen immer an Flüssen, vorläufig wenigstens noch. Die Brücke ist zu überqueren, dann kommt das Zentrum, die City, manchmal auch Altstadt genannt. Der Verkehr wird mühsamer, stockender, gefährlicher. Der Taxifahrer beginnt zu schimpfen. Und dann kommt man ins Hotel, und man braucht nicht zu sagen, daß alle Receptionen immer von gleicher höflicher und aufmerksamer Unfähigkeit sind. Die Reservierung hat nie geklappt. Der Receptionschef sucht vergebens in seinen Listen, aber immer klappt es schließlich doch. Man steht etwas ratlos da, blickt auf die Wände. Die Wände sind mit Reiseofferten austapeziert. Leuchtende Plakate: Palermo Primavera, Madrid erwartet Sie. Visit Moscow now. Die Leipziger Messe: man sieht zwei kleine Männchen in die DDR eilen. Überall diese Aufforderung wegzugehen, aufzubrechen, auszubrechen – ich frage mich: geht das denn noch? Ich bin nun da, bin in Belgrad, Hotel Majestic, und das erste, das ich nicht ohne Erstaunen wahrnehme in der Fremde, ist das Gelb, das vertraute Gelbblau der Lufthansa. Ein großes Plakat begrüßt und berät mich: Lufthansa – Fliegen Sie nach Frankfurt am Main. Der Igel ist eben immer schon da vor dem Hasen.

Drei Fragen zunächst

Erste Frage: was hörst du hier? Ich sage: ich höre, daß die Belgrader leidenschaftliche Frühaufsteher sein müssen. Das verwirrt mich. Ich hatte mir den Balkan gemächlicher, etwas verschlampter, müder vorgestellt, etwa wie Österreich. Die Leute sind ja von einer Energie, einer Kraft hier, die mich verblüfft und die mich jeden Morgen bald nach fünf weckt – unbarmherzig. Überall höre ich Leute aufstehen, herumtrapsen, Wasser einlassen, planschen im Bad, das Klo benützen. Das Kanalisationssystem des Majestic muß wohl etwas rückständig sein? Es ist, während ich im Halbschlaf noch etwas dämmere jeden Morgen, als wenn alle Wasser Belgrads durch mein Zimmer rieseln, strömen, gluckern und dann langsam in einem saugenden Jaulen versickern. Eine Stadt wäscht sich, und ich habe teil daran. Ich höre so gegen sechs immer die städtische Müllabfuhr kommen. Dieses dröhnende, schwer mahlende Geräusch großer Mülltrommeln, das höre ich. Ich höre die unbändige Kraft der Mülleute, die sich offenbar schon sechs Uhr morgens sauwohl fühlen. Sie schlagen die Tonnen mit einer rabiaten Lust auf den Wagen, daß alles kracht und etwas zittert. Sie schnauzen, sie rufen, sie wiehern manchmal. Man hört es durch alle Rolläden. Ich höre so kurz vor sieben ein wütendes Hupkonzert auf der Straße. Also das, meine ich, das müßte verboten werden. Die Frühaufsteher sitzen im Auto, und das bedeutet, da hier der Verkehr in der City nicht weniger drangvoll ist als anderswo, daß sich die Belgrader Autofahrer jeden Morgen auf eine herrlich einfache, sehr naive Weise Platz schaffen auf der Straße: jeder hupt einfach so lange drauflos, bis Platz wird. Ein schöner Wecker. Ist das der jugoslawische Weg?

Zweite Frage: was siehst du hier? Ich sage: ich sehe jeden Morgen die Kellner im Hotel Majestic – zunächst. Die Kellner tragen dunkelblaue Uniformen. Sie gehen mit der Würde, der schwerfälligen Grazie königlicher Hofbeamter durch den Frühstückssaal. Sie sind durch nichts aus der Ruhe zu bringen. Sie wirken etwas beleidigt – vor Kraft. Sie balancieren das Frühstückstablett mit einem verächtlichen Gleichmut, der mich an Schwerathleten, an Gewichtstemmer erinnert, denen man zu leichte Auflagen machte. Sie knallen einem das Tablett auf den Tisch, daß der Kaffee schwappt. Sie lassen einem fühlen, daß sie zu Größerem berufen sind.

Ich sehe auf der Speisekarte, daß man die Buchstaben nicht mehr entziffern kann. Man fühlt sich als Analphabet. Ich sehe überall kyrillische Buchstaben, die mich etwas erschrecken. Sie erinnern an Moskau. Ich frage mich etwas indigniert: warum kann eine zivilisierte Nation nicht Lateinisch schreiben? Das gehört sich doch nicht, das sind doch ganz unmögliche Buchstaben: das P ist garkein P, sondern ein R, das B ist garkein B, sondern ein V, das C ist in Wirklichkeit ein S, – ich meine, das kann man doch nicht machen mit uns. Die Wahrheit ist doch lateinisch geschrieben? Man spürt den uralten Hochmut, diese verborgene Arroganz des westlichen Kulturkreises in sich: römischer Hochmut, der etwas kopfschüttelnd auf Byzanz blickt. Ein Westmensch ist in Belgrad und sagt mit der Anmaßung aller Westler: also, die Namen der Leute hier sind ja unaussprechlich. Diese Izaković und Živković und Martinović, die ich jetzt aufsuchen soll. Das kann doch nicht so weiter gehen? Man müßte lateinische Namen einführen, nicht wahr?

Dritte Frage: was riechst du hier? Ich sage: Qualm. Ich sage: es ist Februar, ganz Belgrad heizt, es ist kalt, und es ist nicht wahr, daß der Balkan nach Paprika, nach Zwiebeln, nach Knoblauch riecht, wie ich dachte. Belgrad riecht im Winter nach einem Kongreß aller Schornsteinfeger. Rauchgeschmack, zarter Ofenqualm steigt aus allen Schloten auf, wird durch irgendwelche Witterungsverhältnisse aufgefangen, heruntergedrückt und zieht als eine schöne Ahnung durch alle Straßen. Duft aller

Braunkohlen. Rauchschwaden senken sich nieder, ziehen durch die Boulevards, bedecken die Autos, die Menschen mit einem feinen Geschmack. Die Menschen hier scheinen das nicht zu bemerken. Smog sagt man bei uns, man ist alarmiert und mobilisiert alles Denkbare dagegen. Hier ist man nicht alarmiert. Man trägt es mit Gelassenheit. Hier ist es manchmal an späteren Vormittagen wie in einer Räucherkammer. Würstchen und Speck werden jetzt in den Rauch gehängt. Ich sage also: ich rieche ein scharfes und beizendes Land. Geh mittags ein gutes serbisches Mahl essen, iß Paprikaschoten oder Hammelfleisch schön mit Pfeffer dazu. Wenn es dir dann auf der Zunge brennt, wenn es dir den Schweiß auf die Stirne, Tränen in die Augen treibt, und wenn du dann hinaustrittst in diese große, schöne Räucherkammer, etwas erschöpft, so hast du einen guten Vorgeschmack. Ich bin ja noch ganz am Anfang. Ich rieche nur Kraft.

Eine Stadt steigt um

Nein, Belgrad ist keine schöne Stadt. Sie ist auch nicht weiß, wie das serbische Wort Beograd zu deutsch meint. Touristisch ist Belgrad kein Glanzpunkt. Die Belgrader sind frankophil, aber dieser sehnsüchtige Vergleich mit Paris, den man auch hier manchmal hört, ist Unsinn. Die Stadt ist viel zu kraftvoll, zu männlich, zu derb, eine Bauernstadt. Sie hat eine andere Geschichte. Im Zentrum diese wuchtigen, etwas pompösen Häuserfronten der Jahrhundertwende, diese grauen Burgen der Bourgeoisie wie überall in Europa. Daneben die kahlen, furchterregenden Hochhäuser der Bürokratie aus den fünfziger Jahren; dann Neueres, Moderneres, Versuche, gewagt zu bauen, aber das meiste wirkt etwas zu klotzig, zu schwerfällig, zu kantig geraten. Erst die Neubauten jüngster Zeit zeigen Sicherheit: Sachlichkeit, die auch schön ist, strenge Rationalität, die anmutig und human wirkt. Man kennt diesen modernen, einladenden Stil aus New York, aus Zürich, aus Hamburg. Einmal wird die Welt ein Glaspalast sein – hier auch.

Etwas anderes fasziniert: ein Augenblick der Geschichte. Man spürt, wie hier überall die Epochen, die Kulturen, die Welt von gestern und morgen zusammenstoßen, wie Orient und Okzident ineinandergeraten – auf engstem Raum. Belgrad ist ein Karusell der Zeiten, ein Umsteigebahnhof der Geschichte: nicht mehr und noch nicht. Abends auf der Bahnhofstraße, oder im Umkreis der Busstation daneben, schlägt einem reiner Orient entgegen. Es riecht nach Muskat, etwas süß und faulig. Bauersfrauen mit bunten Kopftüchern, Burschen, die mit ihren runden Pelzmützen aussehen wie Donkosaken, serbische Provinz, die nach Hause aufs Land will: eine Karawanserei der Balkanvölker in abenteuerliche Tücher gehüllt. Sie steigen in moderne, helle, freundliche Busse ein, die ziemlich verdreckt sind, die in der City nun durch strahlende neue Autobahntunnel fahren, die dann langsam verschluckt werden von der Nacht der Provinz. Auf der Maršala Tita aber, dem Boulevard Marschall Tito, ist westliche Zeit: Modesalon, Autosalon, Juweliergeschäfte, Kunstgalerien. Es gibt sehr modern dekorierte Buchhandlungen, die gut sortiert sind: man wird von Sartre bis Henry Miller, von Solschenizyn bis Grass alles finden, was den Westen bewegt. Wenige Straßen weiter aber kippt das wieder um. Man steht vor kleinen, schmalen Kramläden serbischer Händler, fast Bauernhäuser noch: Gewürzgeschäfte, Zuckerbäckereien, Handwerker, die, vom Staub der Vergangenheit bedeckt, in schmalen Schaufenstern hocken, an irgendetwas Ledernem herumfingern. Eine Moschee ist zu sehen.

Die Gleichzeitigkeit des Ungleichzeitigen ist zu besichtigen. Die Rolltreppen auf der Terazije führen in unterirdische Verkaufsparadiese, die elegant und verlokkend wie die in Westberlin oder Zürich sind. Überall steht non stop geschrieben. Wir verkaufen nonstop von acht bis acht. Wenige Schritte von der Terazije entfernt hat man sich sogar das amerikanische System zueigen gemacht. Hier sind die unterirdischen Geschäfte rund um die Uhr geöffnet: 24 Stunden den Tag, round the clock, – ich meine, noch moderner geht es nicht. Aber in den kleinen Cafėstuben und Wurstbratereien drei Straßen weiter scheint die Zeit nicht so kostbar. Zwei Männer in schwarzen Pelzmützen brüten über einem Brettspiel, den türkischen Kaffee, die Wasserpfeife neben sich. Frauen hocken auf Stoffballen. Die Frauen tragen lange, rote Pumphosen, die auch türkisch scheinen. Sie würgen an einem Brotfladen herum, in dem kleine, verbrannte Würstchen stecken. Aus der Musikbox aber dröhnt, strahlt, jubelt Europas jüngster Hit. Miguel Rios steigt auf die Schultern Beethovens, turnt im Finale der 9. Sinfonie herum. Er heult vor Menschlichkeit: A Song Of Joy, Freude, schöner Götterfunken.

Also? Eine Stadt steigt um. Eine Agrargesellschaft, jahrhundertelang erstarrt, vergessen, auf archaische Weise zurückgeblieben, wacht auf, erhebt sich, industrialisiert, technisiert sich, übt sich ein in die Riten der Zivilisation, zieht langsam um in den grünen, strahlenden Park der Moderne. Einmal wird die Welt ein Glaspalast sein – Novi Beograd, Neubelgrad ist dafür ein schönes Beispiel. Hier haben sie in zwanzig Jahren auf dem Sumpfland der Save, auf dem Schwemmland der Donau eine gewaltige Neustadt errichtet, die einmal 240 000 Belgrader beherbergen soll. Das war mein Eindruck Nordweststadt, als ich kam. Die weißen Hochhäuser, die schlanken Wohntürme, die Glaspaläste mit Einkaufszentrum, Kino, Kinderspielplätzen, Tankstellen erinnern an unsere Trabantenstädte. Es fehlt das Gewalttätige, das Gigantisch-Monströse, das Trostlose, das unseren Schlafstädten eigen ist. Neubelgrad wirkt menschenfreundlicher. Es ist alles da, was der Mensch braucht, aber manches ist auch schon wieder kaputt. Es ist wie bei Kindern, die mit zu neuen Spielzeugen spielen. Man kann nicht erwarten, daß die Sprechanlage, die automatische Türöffnung auch funktioniert. Das Treppenhaus sieht wie nach einem sehr erfolgreichen Markttag aus: ziemlich wüst. Es gibt überall Telefone in Belgrad. Daß sie funktionieren, ist nicht so sicher. Die Wählscheibe ist manchmal sehr kunstvoll zerbrochen. Oder die WKS-Schlösser, die höchste Sicherheit versprechen, kommen mit dem Schlüssel gleich selbst heraus. Und alle hochmodernen Klappfenster jüngster Bauart schienen mir gräßlich zu klemmen. Kleine Gebrechlichkeiten der Zivilisation. Die Belgrader lachen. Sie zucken die Schultern. Sie sagen: Wissen Sie, unsere Leute lernen das erst. Wo kommen wir her? Wir sind schon zufrieden, wenn sie in ihren Neubauwohnungen keine Hühner mehr halten.

Mein deutsches Lied

Die Männer von Belgrad – merkwürdig, daß einem in dieser Stadt immer die Männer auffallen. Wo sind eigentlich die Frauen? Ist das ein Rest von Orient, tiefer Süden? Die Männer also hier in der Stadt haben gute, interessante, eigenwillige Gesichter. Man müßte sie wohl Charakterköpfe nennen, ein abscheuliches Wort. Ich meine: sie haben nichts von der attraktiven, blendenden, merkwürdig leeren Rasseschönheit der Romanen, etwa der Italiener, die mich immer an Friseurgesichter erinnern, etwas zu perfekt im Schnitt, zu pomadisiert. Die Männer von Belgrad – aber hier muß man schon wieder unterscheiden: Generationsbruch. Die Jungen, so schien es mir, sind jetzt ihren Vätern über den Kopf gewachsen. Sie sind sehr groß, schmale, endlose Latten. Sie tragen schwarze Maximäntel, manche in glänzendem Samt. Sie tragen einen gewaltigen Schal, der ihnen wie eine Königsscherpe nach beiden Seiten bis über die Knie hängt. Sie haben bleiche, verwegene, kühne Gesichter. Sie tragen lange Haare. Man weiß nie so recht, ob das ein serbischer Prinz, ein Hirte oder ein Hippie sein soll. Folklore und Underground fallen mühelos zusammen. Selbstbewußtsein, Stolz, ein Hauch von Anmaßung liegt auf ihren Gesichtern.

Die Väter: kleiner, untersetzter, nachdenklicher. Eine mittlere, sehr bewegliche Generation, das Gedrungene, Geduckte von Kämpfernaturen, die gestern noch im Partisanenkrieg standen, heute an der Wirtschaftsfront reagieren. Manager, elastisch, intelligent, immer auf Neuerungen bedacht. Es fällt einem ihre kritische Reaktionsfähigkeit auf, die Aufmerksamkeit, mit der sie zuhören können, einen Augenblick nachdenken, dann ihre Position entwickeln, sehr klar und zielsicher sich abgrenzen. Ja, einerseits schon, andererseits aber... In jedem von ihnen spürt man etwas von diesem anderen, eigenen Weg der Jugoslawen. So etwas sah ich noch nie. Das sind keine Unternehmer westdeutscher Art: rötlich, dicklich, etwas aufgetrieben im eigenen Fett. Das sind auch keine Bürokraten, keine Funktionäre ostdeutscher Art, die mit scharfen Brillengläsern, schmalen Lippen streng bürokratisch nach unten weitergeben, – das sind freie und autonome Persönlichkeiten, Menschen, die selber denken, selber urteilen, die eigene Schlüsse wagen, zum Schluß eine Meinung haben. So etwas, wirklich, sah ich noch nie: Verantwortung und Initiative von unten. Richtige Unternehmer im Volkseigentum, die auch noch lachen können, sich ernst, aber auch nicht tierisch ernst nehmen.

Und ich singe hier manchmal mein deutsches Lied. Ich sitze da und sage: Sie müssen das bitte verstehen, meine Herren, meine Neugier, meine Fragen, mein dauerndes Herumstochern in Ihrem Land, meine unsäglichen Versuche, Ihre Gesellschaft zu verstehen. Wir sind ja nicht ganz unbeleckt in dieser Sache. Ich und meine Leute da in Deutschland. Wir haben das sozusagen vor der Tür bei uns: die DDR. Wir haben auch so einen Versuch des Sozialismus dort. Nein, ich bin kein Feind der DDR, ich bin kein Antikommunist, ich bin ein linker Interlektueller, ich wäre gern ein Sozialist. Ich räume auch ein, daß die DDR Elemente der Fortschrittlichkeit entwickelt hat, die die Bundesrepublik nicht besitzt, etwa in den Fragen der Bildungspolitik, der Gesundheitspolitik, auch in der Rolle der Frau. Das ist ganz sicher. Wir haben nur in fünfundzwanzig Jahren gelernt, daß solche Fortschritte offenbar nur erkaufbar sind um den Preis neuer, gräßlicher Unfreiheiten. Sozialismus ist möglich auch bei uns, man kann das machen: Volkseigentum und Selbstkontrolle der Gesellschaft: gute Gedanken, aber sie werden nur funktionieren mit Zwang, mit eiserner Gewalt. Ich darf doch das Wort Mauer und Stacheldraht aussprechen? Ich meine: Freiheit und Sozialismus gehen bei uns nicht zusammen, leider. Wie macht Ihr denn das?

Das Wichtigste, will mir scheinen, ist, daß man in Jugoslawien dieses Wort aussprechen kann. Man kann das eine Wort Freiheit aussprechen. Man hört nicht das Hohngelächter von links: das Gelächter der alten Dogmatiker, der SED-Leute, der Stalinisten, die nur müde abwinken, die sagen, Freiheit sei doch nie etwas anderes gewesen als die Einsicht in die historischen Notwendigkeiten. Man hört auch nicht den Spott der Jungmaoisten, der Roten Zellen, die immer hell auflachen, wenn man das Wort in den Mund nimmt. Eine Chimäre, eine bürgerliche Illusion, ein kapitalistischer Volksbetrug, würden wohl Enzensberger und Genossen sagen: Freiheit war immer nur eine Klassenfrage. Mit so abstrakten und ungereimten Sätzen, mit so allgemeinen Philosophien darf man den Jugoslawen nicht kommen. Dafür sind sie zu praktisch. Gebranntes Kind scheut auch immer das Feuer.

Sie verstehen einen sehr gut. Sie nicken mit dem Kopf, sie heben beschwörend die Hände. Sie sagen: Also mit der DDR oder der Sowjetunion wollen Sie uns bitte nicht vergleichen, bitte nicht. Sie lachen etwas dabei. Sie lachen auf eine verschmitzte, eigenwillige, lakonische Weise. Sie sagen: Das hatten wir auch im Land. Das kennen wir. Was meinen Sie, was hier los war zwischen 45 und 48, als sowjetische Instrukteure dabei waren, Jugoslawien auf Ost zu trimmen. Wir wissen, was Stalinismus ist. Er steckt uns noch allen in den Knochen. Wir werden das nie vergessen: 48, den Bruch mit dem Kominform. Es war ein Kampf auf Leben und Tod. Das war unsere Geburtsstunde damals. Wir kämpften uns frei so langsam, übrigens unter einem entsetzlichen Trommelfeuer, auch aus Ostberlin. Sie wissen ja, daß damals Titoismus dasselbe wie Trotzkismus war: ein Todesurteil? Sie sagen schließlich: man muß einfach kämpfen um seine Freiheit – das ist die erste Erfahrung unserer Geschichte.

Porträt eines Montenegriners

Eigentlich ist es hier wie in einem bourgeoisen Salon: eine Villa der Belgrader Vorstadt. Ein Dienstmädchen öffnet. Ach, diese Dienstmädchengeschichten hier in der Stadt. Sie entschuldigen sich immer, daß sie im Augenblick nicht das richtige Dienstmädchen hätten: schöne Verlegenheit, die den Entwicklungsstand einer Gesellschaft ablesen läßt. Chippendale-Möbel, altmodische Sofas, kostbare Teppiche, nachgemachter Barock, anmutige Rokkokosekretäre, auch nachgemacht; schwere Portieren, Teetische, Teewägelchen, auch Chippendale. Abstrakte Kunst an den Wänden, die auch etwas nachgemacht wirkt. Die jugoslawische Malerei wirkt immer ein wenig verspätet auf uns. Man meint, solche Bilder vor zehn

Jahren schon einmal gesehen zu haben, bei uns. Sozialismusverspätungen, Balkanverzögerungen. Immerhin, es gibt nichts, was sie nicht auch machen könnten von der kinetischen Kunst bis zur Popart. Die Künstler sind vollkommen frei, was bekanntlich erst glücklich, später dann eher mürrisch, leicht depressiv macht.

Der Mann im Salon, der Hausherr: er ist groß, straff, quicklebendig. Seine Bewegungen haben etwas Übertriebenes, Theatralisches. Wenn er spricht, spricht er nicht eigentlich; er spielt die Szene mit schwerfälliger Grazie, mit dem Charme eines Elephanten. Er hebt die Hände, dreht den Kopf, richtet sich auf, lehnt sich zurück, setzt sich immer neu in Positur. Ein dramatisches Naturell mit einem kolossalen Bariton, die Augäpfel rollen. Noch nie sah ich das Weiß der Augen so blitzen. Der Mann ist ein Montenegriner, also ein Aufschneider, sagen die Leute. Sie sagen: Ach, der? Er muß wohl schon um die Siebzig sein, aber wirkt wie ein arrivierter Volksschauspieler in den besten Jahren. Der Mann heißt Svetozar Vukmanović Tempo. Er gehörte einmal zu den sechs oder sieben engsten Vertrauten Titos, die sich 1941 zusammentaten, um das neue Jugoslawien zu erkämpfen. Heute lebt er als Pensionär in Belgrad, nicht anders als Djilas und Ranković.

Es wird Tee gereicht, Tee und Gebäck, auch Whisky. Freunde sitzen dabei, ihre Frauen, Damen der Gesellschaft, könnte man sagen. Man könnte das Ganze also für ein typisches Teegespräch im Salon halten, wenn nur das Thema nicht so blutig, so kriegerisch wäre. Denn dieser Mann organisierte in Titos Auftrag den Partisanenkampf. Bei ihm also bin ich richtig. Und ich sage so in meiner direkten, naiven Art: Ich bin fremd hier im Land,

Herr Tempo. Ich bin ganz fremd in Ihrer Gesellschaft, die mir sympathisch, aber schwer einsichtig ist. Ich verstehe so gut wie nichts vom jugoslawischen Sozialismus. Ich spüre nur: die Wurzeln dieses eigenen Weges der Jugoslawen liegen nicht in der Gegenwart. Sie müssen in der Geschichte Ihrer Partisanenbewegung liegen. Damals, meine ich, nicht 48, hat Ihr eigener Weg begonnen. Wie war das denn damals? Wir Deutschen, pardon, kannten Sie nur als Heckenschützen. So hieß das doch im Wehrmachtsbericht.

Und Tempo wäre kein Montenegriner, also kein Fabeltier, wenn er jetzt nicht hüpfte, nicht in die Hände klatschte, auf dem Sofa unruhig wackelte vor Vergnügen, vor Lust zu erzählen, sich auszubreiten. Vielleicht sind es auch seine Memoiren, die er vor kurzem abgeschlossen hat? Zwei hellgelbe Bände liegen druckfrisch auf dem Teetisch: die Memoiren, die Tito nicht schrieb, nicht schreiben wollte, sagen manche Belgrader etwas mehrdeutig. Und wie jeder Autor ist auch Tempo nicht frei von der schönen Lust des Selbstzitierens. Darüber habe ich auch geschrieben, in Band zwei, sagt er strahlend. Ja, eine sehr wichtige Frage, sie wird bei mir gleich am Anfang behandelt. Also hier bin ich richtig. Ich frage: Wie war das denn eigentlich? Wie konnte es gelingen, daß ihr Partisanen schon 1943 große Teile des Landes befreit hattet, eine eigene Regierung ausrufen konntet, mitten in Hitlers Festung Europa? Wo nahmt ihr zum Beispiel die Waffen her? Ich erfahre jetzt etwas aus der Geschichte der Partisanen, die wirklich ein Heldenlied ist. Man muß da einstimmen. Die Jugoslawen entschlossen sich ganz allein zum bewaffneten Aufstand und zu einer Zeit, als der Pakt zwischen Hitler und Stalin noch bestand. Auch nach dem deutschen Überfall auf Rußland hat Stalin den Jugoslawen immer etwas mißtraut. Stalin hatte sich mit Churchill den Balkan bekanntlich geteilt. Der nördliche Teil sollte russisches, der südliche Teil mit Griechenland sollte englisches Einflußgebiet werden. Das bedeutete, daß Stalin offiziell für die bürgerliche Exilregierung der Jugoslawen war, die in London saß. Er beschwor Tito immer, nur einen nationalen, einen vaterländischen Befreiungskrieg zu führen. Die Partisanen aber waren Kommunisten – leider.

Und wie war das nun mit der Bewaffnung am Anfang, beharre ich. Ihr konntet doch nicht mit Steinen und Stökken die deutsche Besatzung vertreiben? Tempo: Nein, es hat uns niemand Waffen gegeben am Anfang, weder die Russen noch die Engländer. Wir mußten sie uns einfach holen. Wir sagten zu den Bauern: wenn ihr mit uns kämpfen wollt, wenn ihr einmal frei sein wollt, macht einen Besatzer nieder. Holt Euch die Waffen bei ihnen; sie sind ja da. Ihr müßt sie nur holen. Die Deutschen machten übrigens den Fehler, Hilfswillige hier im Land, junge Faschisten, hoch zu bewaffnen. Hier fanden wir unsere ersten Depots. Auch bei den Italienern natürlich, die leicht zu überwältigen waren. Tempo lachte, klatschte sich auf die Knie, rieb sich die Fäuste, als hätte er gerade einem Feind die Gurgel gut zugedrückt. Gehabte Schmerzen, die hat man gern.

Also, das muß man zuvor wissen, meine ich. 1941 war ganz Europa von Hitlers siegreichen Truppen besetzt. Es raste der deutsche Faschismus. In den besetzten Ländern gab es da und dort Resistance, Widerstandszellen, Gruppen im Untergrund, die aber geheim und verborgen blieben. Nur die Jugoslawen entschlossen sich damals zu einem regulären Befreiungskampf, zu einem offiziellen Volkskrieg. Sie waren keine Heckenschützen. Sie trugen Uniformen und führten den Krieg: zäh, listig, rücksichtslos, und gewannen ihn. Schon damals haben sie sich allein freigekämpft. Sie wollten von Anfang an souverän, also der Herr im eigenen Hause sein. Hier liegen die Wurzeln ihrer heutigen Politik: demokratischer Sozialismus, Blockfreiheit, Neigung zur Dritten Welt – bis hierher muß man zurück.

Über sozialistische Marktwirtschaft

Nein, diesen Knäuel werde ich nicht entwirren. Darin haben sich schon andere verheddert. Es ist nicht möglich, von Frankfurt nach Belgrad zu fliegen und dann zu sagen: so und so ist das also dort, so funktioniert das, so gut, so schlecht, und das, bitte, könnte man so vielleicht besser machen? Die soziale Struktur dieses Landes ist kompliziert genug. Die Mechanismen des gesellschaftlichen Funktionierens aber von einer Verwickeltheit, die den Fremden entmutigt. Es ist, als wenn man als Laie einen Fernsehapparat von rückwärts aufmacht: diese komplizierten Schaltungen, all diese Drähte, Raster, Rückkoppler, Verteiler – wie funktioniert das nun wirklich? Das hat man davon, daß man sich auf einen neuen Weg machte. Glückliche Zeiten, als man noch in Ländern sowjetischen Typs zu Gast war: da war alles klar und einsichtig, scheinbar wenigstens. Bürokratischer Zentralismus: es wurde von oben befohlen, dirigiert, angeordnet und verkam dann so unten – meistens. Das eben ist der jugoslawische Weg nicht.

Man kann also nur einzelne Stränge herausziehen – aus dem Knäuel. Man kann zum Beispiel sagen: sie haben 1945 die Produktionsmittel alle enteignet und an das Volk übergeben. Das verbindet sie mit den Sowjets. Bei den Produktionsmitteln gibt es keinen Privatbesitz mehr, das trennt die Jugoslawen vom Westen. Ihre Grundlage ist die Idee Lenins, auch Rosa Luxemburgs: Sozialismus ist die Selbstverwaltung der Produzenten. Sie haben die Betriebe den Arbeitern in eigene Regie übergeben. Jeder Betrieb wird von der Arbeiterselbstverwaltung geführt. Sie ist das A und O dieser Gesellschaft. Diese Arbeiterräte entscheiden alles: die Arbeitsnormen, die Löhne, die Personalpolitik, die Investitionen, die Planung neuer Produkte, den Verkauf. Sozialismus, sagen sie, kann nur von unten ausgehen. Demokratie muß vom Volk praktiziert werden. Das ist unser demokratischer Sozialismus: daß die Arbeiter sich selber verwalten. Es läuft also alles darauf hinaus, immer mehr Verfügungsgewalt nach unten zu delegieren. Der Staat soll ja absterben im Sozialismus. Das wollte Marx. Alle Macht liegt bei uns bei den Räten.

Ein zweiter Strang: in dieses Prinzip des Volkseigentums hat man zugleich das Prinzip der Marktwirtschaft eingeführt. Das heißt: es muß ökonomisch, rentabel, effektiv produziert werden. Kommt hier ein kapitalistisches Motiv in die Wirtschaft? Sie sagen nein. Das Marktprinzip hat es immer gegeben, sagen sie, schon lange vor dem Kapitalismus, auch die Feudalwirtschaft, auch die Sklavenwirtschaft war marktwirtschaftlich orientiert. Es bedeutet den belebenden Faktor der Konkurrenz. Tatsächlich konkurrieren alle Betriebe in Jugoslawien untereinander; sie setzen die Preise selber fest. Das wiederum bedeutet, daß Betriebe, die unrentabel, nicht marktkonform produzieren und anbieten, auf der Strecke bleiben. Hier können Fabriken bankrott gehen, nur für die Arbeiter muß vorgesorgt werden. Markt heißt übrigens nicht nur Jugoslawien, sondern die ganze Welt. Jede Fabrik kann ihre Produkte anbieten, wo immer sie will: in Australien, in Amerika, in Rußland oder der Bundesrepublik. Es gibt keine Zentrale des Außenhandels, die das Ganze dirigiert.

Man stößt auf eine vollkommen offene, sehr mobile Gesellschaft, die bestrebt ist, sich dauernd zu modernisieren, zu rationalisieren. Sie schicken ihre Topmanager nach Chicago oder Mailand, um zu studieren, wie man heute Waschmittel oder Kunstdünger oder Kupfer auf dem Weltmarkt verkauft. Das macht die verblüffende Weltoffenheit, die sensible Agilität, auch den Geist des Erfolgsdenkens aus, auf den man hier überall stößt. Und einiges, sicher, fließt nebenher auch in private Taschen. Trotz rückläufiger Tendenzen, die es gab in den letzten Jahren, trotz einiger Arbeitslosigkeit, trotz steigender Preise, muß man sagen: gemessen an den Ländern sowjetischen Typs, sieht man den Erfolg, die belebende Wirkung des Marktmotivs. Man spürt nichts von der Lahmheit und Uninteressiertheit der Massen an der Ökonomie, wie etwa in Rußland. Arbeiteraufstände wie die in Polen wären hier undenkbar. Das Volk ist frei, es muß seine Sache selber machen. Jugoslawien ist sehr lebendig, ein Bauboom geht durch das Land, vor allem an der Küste. Überall schießen neue Fabriken, neue Werke, neue Hotelpaläste in die Höhe. Der Aufbau blüht, obwohl beim

Blühen auch immer etwas abfällt, verdorrt. Das ist einzuräumen.

Und die Partei, wo bleibt eigentlich die Partei? frage ich immer wieder. Ich meine, sie muß doch das Ganze dirigieren, antreiben? Wo ist die eigentlich? Ich sah sie nie? Ich singe also wieder mein deutsches Lied, und daß die Partei doch Herz und Hirn, Vorhut und Schrittmacher der Arbeiterklasse sei. Wo bliebe denn sonst der Sieg des Sozialismus? Sie winken ab, die Jugoslawen. Nein, sagen sie, unsere Partei, der Bund der Kommunisten, versteht sich so autokratisch, so autoritär nicht. Wir diskutieren alle das, was fällig ist. Die Partei hält sich schon lange aus den Wirtschaftsprozessen heraus. Die Regierung beobachtet natürlich den Verlauf und greift hier und dort ein mit Gesetzen. Man könnte es das Prinzip der Kontrabalance nennen.

Steuert unsere sozialistische Marktwirtschaft zu sehr in Richtung Liberalismus, so erlassen wir Gegengesetze. Merken wir, daß der Wirtschaftsprozeß zu schwerfällig, zu initiativarm wird, so bauen wir neue Gewinnchancen ein. Das ist ein ganz komplizierter Prozeß immerwährenden Balancierens, kritischen Schaukelns. Spätestens an diesem Punkt ist der Augenblick erreicht, wo diese Gesellschaft dem Fremden wieder uneinsichtig, kompliziert wird. Der Strang beginnt sich nun zu zerfasern. Er löst sich in tausend feine Fädchen auf. Wie funktioniert das Ganze?

Sicher ist: es gibt in diesem Lande für eine sozialistische Wirtschaft ganz singuläre Freiheiten. Aber es gibt dann auch Bremsen, Grenzen, Limitierungen, einen Berg von Gesetzen, die man alle kennen müßte, um die praktische Brauchbarkeit des Systems beurteilen zu können.

Die Arbeiterräte zum Beispiel sind frei, ihre Löhne selbst zu bestimmen, aber nur in gewissen Grenzen, die das Gesetz bestimmt. Es gibt ein privates Unternehmertum. Man kann ein Restaurant, ein Hotel eröffnen. Man darf aber nur fünf Angestellte haben. Man fragt: wieso gerade fünf? Die Kollektivierung der Landwirtschaft wurde rückgängig gemacht, aber ökonomisch rentabel können Kleinbauern nur produzieren in Kooperation mit den großen Genossenschaften. Es gab zum Beispiel keine Milch in meinen Belgrader Tagen, das machte mich stutzig. Ich dachte wieder an unsere Deutsche Demokratische Republik, und daß so etwas eben typisch sei für Sozialismus. Es war aber eher typisch für Kapitalismus. Die landwirtschaftlichen Genossenschaften bestreikten den staatlichen Milchpreis. Sie arbeiteten alle Milch in Käse und Joghurt um. Sie sagten: wir liefern erst wieder Milch, wenn der Milchpreis freigegeben wird. Ich dachte: das kennst du doch?

Es gibt also auch hier Konflikte, Engpässe, Antagonismen. Die sozialistische Marktwirtschaft ist nicht der Stein der Weisen, der vom Himmel fiel. Sie ist kein Wundersystem, das alle Probleme löst, und ob sie sich, wie unsere Jusos meinen, auf unsere westdeutsche Gesellschaft übertragen läßt, kann ich nicht beurteilen. Ich meine: die sozialistische Marktwirtschaft ist für Jugoslawien der gute, der richtige Weg. Er stellt unter den Bedingungen einer Gesellschaft, die sich erst zu entwickeln beginnt, das leistungsfähigste und gerechteste System dar. Sozialistische Marktwirtschaft will das östliche Prinzip des Volkseigentums mit dem westlichen Prinzip des Marktdenkens versöhnen. Ob das gelingen wird? Ich weiß es nicht. Es ist noch nicht entschieden.

Belgrader Haare

Diese tiefe Faszination, die trotz allem noch immer vom Westen ausgeht. Wie oft habe ich das schon erlebt: Sozialismuserfahrungen? Man kennt das von Moskau, von Warschau, von Ostberlin. Ich frage mich auch in Belgrad wieder: wie spät ist eigentlich der Spätkapitalismus? Wer kann mir das sagen? Von Paris aus wirkt er sehr spät. Er scheint ziemlich munter und lebensfroh, beinah jugendlich – vom Osten aus. Belgrad ist nicht der Osten. Es ist die Mitte, trotzdem geht noch Kraft aus, tiefe Verzauberungskraft, auch hier. Wie doch die Jugend hier immer nach London, Paris, nach Stockholm und München starrt, so als gäbe es da etwas zu versäumen. Was denn?

Alenka, meine blonde, junge Dolmetscherin, die sich als freiberuflich bezeichnet, sozusagen eine Privatunternehmerin in Sprachen, ist so ganz anders als die strengen, ernsten Damen von Intourist Moskau, gottlob. Alenka will nicht erziehen, aufklären, politische Schulung erteilen. Alenka will mithalten – mit dem Westen. Sie sagt immer: Aber sicher, bestimmt, das haben wir auch. Belgrad ist doch kein Dorf, es ist Kleinparis, nicht wahr? Sie sagt mit einem Anflug von Nationalstolz: Natürlich haben wir hier auch Gammler und Hippies. Was denken Sie? Im Sommer sitzen sie immer so malerisch um den Revolutionsplatz. Alenka sagt: Aber bestimmt, glauben Sie mir: wir haschen auch. Wir sind auch manchmal high. Drogen sind jetzt große Mode bei uns. Ja, sage ich, leider. Ich sah es schon.

Alenka geht manchmal mit Herren aus der Bundesrepublik, mit handfesten Kapitalisten von Neckermann oder dem Kaufhof, den Einkäufern, den Gästen der sozialistischen Marktwirtschaft, auf Jagd. Sie jagt dolmetschend in den Jagdgründen Kroatiens: na bitte, na schön! Sie kennt von daher die Sitten der feinen Herren und sagt öfters: Also heute Abend sollten wir einmal in die Spielbank gehen, ich würde gern wieder einmal Roulette spielen. Und wie wäre es mit der Texas-Bar hinterher? Alenka war manchmal vergrämt, wenn ich immer in politischen und sozialen Problemen herumstocherte. Sie ging einmal wütend weg – mitten im Dolmetschen, weil ich die Sache mit den Jung-Bosniern in Sarajewo, die Geschichte mit dem Knaben Gavrilo Princip haargenau erklärt haben wollte.

Ich wollte es ganz genau wissen, wie dieser Junge, eigentlich unbewußt, den Ersten Weltkrieg eröffnet hatte mit seinen Schüssen. Und nicht nur den Ersten Weltkrieg, könnte man sagen: auch den Zerfall des alten Österreich, auch die Oktoberrevolution in Leningrad, könnte man sagen, mit einiger historischer Phantasie. Was mit diesen paar Schüssen in Sarajewo doch alles in Gang kam im alten Europa: das Ende der Dynastien in Europa, die Republiken, der italienische, der deutsche Faschismus und schließlich Sowjetrußlands Macht in Mitteleuropa – der Gedanke, daß diese Jahrhundertlawine durch so ein paar Kieselsteine, die der bosnische Knabe in Sarajewo auf den österreichischen Thronfolger schleuderte, in Gang kam – dieser Gedanke ist doch schon abenteuerlich, sozusagen ein Märchen der Politik, ein Puzzlespiel für Historiker. Historische Phantasie muß man haben.

Aber Alenka war ausgesprochen sauer. Sie war verdrossen und mit ihr die Jugend der Stadt. Sie hatte die ewige Politik satt. Sie war auf die Straße gegangen, hatte sich ein paar türkische Zuckerbrötchen gekauft. Sie maulte zum erstenmal und erklärte mir ziemlich erschöpft später, daß das doch alles so langweilig sei: Politik, den ganzen Tag Politik und Geschichte, die sie übersetzen müsse, totlangweilig sei das. Kein junger Mensch in Belgrad würde sich für Politik interessieren. Das sei doch etwas für alte Leute. Sie hatte sich aus Protest an einem Kiosk ›Twen‹ und ›konkret‹ gekauft. Sie winkte mit Porno, mit Titelgeschichten wie: Warum Mädchen sich ausziehen. Sie fragte: Sie kommen doch heute Abend in ›Hair‹? Eine ganz tolle Inszenierung. Ja, sagte ich: ja ja, ja ja, und dachte: woher kommt das nur: dieses dauernde Buhlen um den Westen?

Natürlich ist es interessant, dieses wilde, verrückte Spektakel der Jugend, das hübsche Anarchisten-Musical ›Hair‹ in einem kommunistischen Staat zu sehen. ›Kosa‹ heißt es auf Serbisch; es wird in Belgrads Avantgarde-Theater 212 an der Lole Ribara gespielt. So ganz, natürlich, stimmen hier die Bezüge nicht. Was in New York Greenwich Village ein wütender Aufschrei, ein böser Protest gegen den american way of life und seine jüngste Politik ist, paßt nicht so recht nach Serbien und in die Titogesellschaft verpflanzt. Ich meine, die soziologischen Grundlagen des Protestes fehlen. Sie spielen das Ganze also freundlicher, harmloser, mehr als einen Gammlerulk, sie lachen zu oft, sie haben einige lokale Possen hineingearbeitet, die wie aus Charleys Tante wirken. Wir haben es adaptiert, sagen sie. Es fiel mir auf, daß die Schauspieler keine wirklich langen Haare trugen, sondern Wuschelköpfe, nach Bauernart. Es saß ein braves, wohlerzogenes Abonnentenpublikum im Parkett, das mit artiger Neugier registrierte, was jetzt die Jugend so trieb. Alenka war selig. Sie lachte bei jeder obszönen Redewendung beglückt. Sie übersetzte mir alle Unanständigkeiten etwas stotternd, soweit das mit zartem Mädchenmund geht. Alenka war mit einem Wort selig, mir ihren westlichen Standard vorzuführen. Sie fragte: es ist doch genau so gut wie damals bei Ihnen in München? Ich dachte: Belgrad ist doch ein richtiges Provinznest. Provinz verzehrt sich doch immer nach Weltmetropolen.

Ja, und dann müßte man auch noch den Jungen aus dem Restaurant Dubrownik erwähnen, auch so ein haariges Kind, das mich nachdenklich machte. Die Kinder der Partisanen, sagte ich später etwas ironisch, etwas traurig. So ist eben das Leben, in der zweiten Generation nämlich. Wir hatten ihn in diesem köstlichen Fischrestaurant kennengelernt. Er saß am Nachbartisch. Er sah aus wie ein Teenager-Traum, ein zartes, vollkommen gelungenes Geschöpf der Carnaby-Street: Anfang Zwanzig. Er trug lange schwarze Haare, die ihm wie ein vorsichtig nur halb geöffneter Vorhang tief ins Gesicht hingen, ein scharfes, sehr männliches Profil dahinter. Der Junge trug schwarze Samthosen, ein eng tailliertes Hemd aus hellblauem Spitzenbrokat, hohe schwarze Knautschlackstiefelchen. Es klirrte Gold und Silber an seinen Armen. Er verhandelte mit einem Bandleader, der neben ihm saß. Alenka, die wieder glücklich war, ganz auf der Höhe der Zeit zu sein, unserer kapitalistischen Zeit, meine ich, vermittelte mühelos die Bekanntschaft. Ganz Belgrad ist ja eigentlich ein Dorf, und so saßen wir dann später zu einem Drink im Apartment seines Hotels, das man ein Luxushotel nennen muß. Das Apartment des Jungen hatte jene unverschämte und schicke Modernität, die ich nur aus Magazinen, aus ›Schöner Wohnen‹ zum Beispiel, kenne. Sie verschüchtert mich immer etwas und zeigt, daß ich nicht mehr so ganz up to date und wohl auch nicht mehr der Jüngste bin: alles in Plastik, Chrom und Glas, sehr popig die Farben. Der Junge legte eine Langspielplatte auf, er goß einen Drink ein: cool. Er klatschte öfters in die Hände, so als müsse er die Stimmung anheizen, triebe vielleicht eine Band an. Es klirrte das Gold und Silber an seinen Armen.

An den Wänden des Apartments waren in fröhlichem Filzstift die Telefonnummern der Stars des amerikanischen Showbusiness praktisch notiert. Ich las: Frank Sinatra: Los Angeles 32 48 71. Ich las: Harry Belafonte: Hollywood 17 26 41. Natürlich war das Aufschneiderei, aber nicht nur. Der Junge war tatsächlich Manager, Agent einer englischen Konzertagentur, die Schlager-, Jazz- und Pop-Bands in alle Welt vermittelte. Er roch ein Geschäft in uns. Er sagte mit dem rabiaten Charme junger Makler, die eben anfangen in der Branche: Also, wenn Sie wissen wollen, wo Mick Jagger bei uns sein nächstes Konzert gibt – unter 500 Dollar können wir solche Informationen nicht an die Presse geben. Ich hatte etwas Mühe, ihm meine sogenannte Presserolle auszureden. Ich sagte, und es schwang ein Ton von Gekränktsein mit: Bitte wollen Sie doch zur Kenntnis nehmen, lieber Freund, daß es auf der Welt auch noch Menschen gibt, die sich für Geld nicht interessieren, sondern für Politik. So etwas gibt es, im Westen zum Beispiel. Mich interessieren die politischen Strukturen Ihres Landes. Wie läuft denn so Ihr Geschäft – unter jugoslawischen Bedingungen?

Es war zu sehen, daß sein Interesse nun deutlich nachließ. Er nahm sich einen Schreibblock vor. Das Papier lag auf einer Silberplatte. Er notierte Termin, Daten,

Honorare, er begann zu telefonieren. Mein Gott, sagte er später einmal, auf eine Verbindung wartend, so halb in das Telefon hinein: In Jugoslawien geht alles. Man kann hier alles machen. Man muß nur wissen wie. Know how – nicht wahr? Er lächelte etwas fies. Der Junge war wirklich ein Hochglanzprodukt seiner Weltfirma, die in London saß. Er organisierte für London von Jugoslawien aus alle Tourneen seiner Stars im Ostblock. Ach, sagte er, wir brechen noch den ganzen Ostblock auf mit unserer scharfen Musik. Ich bringe auch noch die Rolling Stones nach Peking. Von hier aus läßt sich alles machen: know how – nicht wahr? Er klatschte sich wieder rhythmisch in die Hände beim Abschied. Es war, als wenn er uns hinaustriebe – vor Tüchtigkeit.

Damals war es, daß ich zum erstenmal in meinem Leben eine beklommene und schüchterne Spielart von Stalinismus in mir entdeckte. Sagt man nicht so – in Belgrad? Ich fand ein Haar in der Suppe. Ich sagte, als wir im Lift wieder allein waren, abwärts fuhren: Ich weiß nicht. Ich finde, das geht doch zu weit. Soweit sollte die Freiheit nicht gehen – im Sozialismus. Die Jugend wird hier ja überhaupt nicht mehr erzogen zum Sozialismus. Und unten, aussteigend, fuhr es mir durch den Kopf: du bist ja eine richtige Gouvernante geworden, so eine SED-Gouvernante aus Klein-Machnow? Ich sang also wieder mein deutsches Lied, andersherum.

Vereinte Nationen

Natürlich ist es ganz falsch, immer in Belgrad zu hokken, brütend über Sozialismus-Fragen, deutschbrütend. Es ist unmöglich, Jugoslawien von Belgrad aus zu verstehen. Belgrad ist gar nicht typisch. Es ist die Ausnahme, ziemlich hoch entwickelt. Man muß also raus, man muß weg, man muß wenigstens einmal kreuz und quer durchs Land ziehen. Man muß sehen, wie es wirklich ist. In Wirklichkeit gibt es nämlich Jugoslawien nicht. Das ist nur ein Begriff von außen, von oben, eine komische Sache. Es gibt nur, sozusagen als Zelt, dieses hohe und schwache Staatsgerüst der Südslawen, das übrigens immer schwächer werden soll. Und darunter lebt ein eigenwilliges, buntes, verrücktes Gemisch von Völkern, Nationalitäten, Sprachen, Kulturen gleichzeitig. Vielvölkerstaat nennt man das. Man stößt auf ein Land mit zwei Alphabeten, drei Religionen, vier Sprachen, fünf Nationen, sechs Republiken, sieben Nachbarländern – und doch: ein Land. Ich möchte es nennen: Vereinte Nationen.

Die beiden Alphabete: kyrillisch und lateinisch. Darüber sprach ich schon. Die drei Religionen: prawoslawisch, römisch-katholisch, mohammedanisch. Die vier Sprachen: Serbisch, Kroatisch, Slowenisch, Mazedonisch. Die fünf Nationen: die serbische, die kroatische, die slowenische, die mazedonische und die montenegrinische Nation. Die sechs autonomen Republiken: Serbien, Kroatien, Slowenien, Mazedonien, Montenegro, Bosnien-Herzegowina. Und dann müßte man auch noch die großen nationalen Minoritäten aufzählen: die Albaner, die Ungarn, die Türken, die Slowaken, Rumänen, Bulgaren.

Ich schenke mir diese Liste, die schließlich mit den Zigeunern, den Polen, den Juden und Deutschen enden müßte. Ich sage nur: hier ist einfach alles da. Vereinte Nationen, eine Balkan-UNO.

Wir fuhren also los. Wir fuhren in den Norden. Es war flach und kalt; es wehte aus der ungarischen Tiefebene ein steifer Wind: Ostwind, der aus Rußland kommt, der Staub und Eis mitbringt. Man hörte die Tundra, die Steppe singen, sehr melancholisch: Balkangesang; ist das schon Balaleikamusik? Warum werde ich plötzlich so kitschig? Diese endlosen Ebenen hier, manchmal ein Ziehbrunnen, ein Pferdegespann, eigentlich nichts, nichts als Vergangenheit. In Kovačica sah ich das erste Dorf Jugoslawiens. Es gehört zur Struktur dieser Gesellschaft, daß aber immer andere Völker da wohnen. Hier wohnten also Slowaken. Es war eine Kunstausstellung in Kovačica auf dem Dorf. Hier wohnen die malenden Bauern, hier unter anderem. Man darf sie nicht mit dem Bitterfelder Weg verwechseln; mit sozialistischem Realismus hat die Kunst der Naiven nichts zu tun. Es ist wirklich Volkskunst. Der Kult mit den naiven Malern wird ja in Jugoslawien auf eine liebevolle und ziemlich kunstgewerbliche Weise zelebriert. Zuzana Chapulova, die Bäuerin, die Künstlerin, der Star des Tages, stand im Kulturhaus und begrüßte uns zu ihrer Vernissage. Es roch nach Sonntag, also nach frischgescheuertem Holzfußboden. Dick, fröhlich, rotbackig stand Zuzana Chapulova wie eine deftige Oma inmitten all ihrer Bilder und verstand es mit nicht unbeträchtlicher Bauernschläue, uns ihren Handelswert auf dem Weltkunstmarkt zu demonstrieren. Tatsächlich wird solche Bauernkunst, die mich immer mehr an Weihnachten, an Kinderkrippen, an bunte, verspielte Figuren am Tannenbaum erinnert, in den Galerien in Zürich, in Bern, in Wuppertal sehr ehrfürchtig ausgestellt.

Wir fuhren weiter nach Uzdin, einem rumänischen Dorf, – war es ein rumänisches oder nicht vielleicht doch ein ungarisches? Für den Fremden ist das schwer auszumachen. Uzdin war auf jeden Fall unvergeßlich. Es war wie ein Schock für mich, ein Alptraum der Vergangenheit. Väterchen Zar, sagte ich, das sieht ja genau so aus, wie wir uns das alte Rußland vorstellen so um 1890, ein böser Märchenstoff: Holzhäuser, Panjewagen, Schlamm, Schlamm, Schlamm. Nichts als schwarzer Schlamm auf den viel zu breiten Dorfstraßen. Sind das Straßen? Hier kann man doch weder gehen noch fahren. Es sind Moorbäder, durch die man eigentlich nur rudern könnte in Schlammkähnen. Daß so etwas noch möglich ist? Wo bleibt hier eigentlich der Sozialismus? Das ist ja Steinzeit, achtzig Kilometer nördlich von Belgrad. Aus der Volksrepublik Rumänien waren Musikanten gekommen. Sie spielten den jugoslawischen Rumänen dünne, fiedelnde Volksweisen auf. Burschen und Mädchen standen weit von einander getrennt, zum Tanz durften nur die Verlobten vortreten – so streng sind hier noch die Sitten. Die Bauernmädchen waren auf dem Marktplatz sozusagen mit ihrer Mitgift erschienen. Es klapperten Gold und Dukaten, herrliche Goldtaler an ihren Trachtenblusen, die vollbusig wippten und einluden – goldig. Die jungen Männer in mickrigen Regenmänteln, spitze Pelzmützen auf dem Kopf, wirkten verschüchtert. Sie stolperten eigentlich mehr als daß sie tanzten. Ein Matriarchat, eine Mutterkultur? Man ahnte, wie sie einmal unterdrückt werden würden, die Knaben. Ich mußte an den Jungen aus dem Restaurant Dubrownik denken, seinen London-Look. Was hier alles zusammenkommt und gleichzeitig ist in einem Staat. Soviel Erstarrung und soviel Bewegung. Was ist Jugoslawien eigentlich?

Wir fuhren in den Süden. Ach, Kossovo? hatten sie vorher in Belgrad grinsend gefragt: Sie wollen tatsächlich nach Priština, nach Prizren, nach Peč – also an die albanische Grenze? Sie sind ja mutig: das Land der Skipetaren. Wer weiß, ob sie da je zurückkommen? Haben Sie nie etwas von Blutrache gehört? Sie werden sich eine Krankheit holen, mindestens. Und trinken Sie nur kein Wasser. Da unten muß man immer mit Vergiftungen rechnen.

Ich weiß nicht, woher diese Giftigkeit kommt. Ist es der Hochmut aller Metropolen? Ich meine, so war es nicht. Es hat mir im Süden sehr gefallen. Süden ist eigentlich immer gut; tiefer Süden hat immer etwas von Ursprung, von Verzauberung, also wieder von Mutterkultur. Wenn irgendwo, so sieht man hier am deutlichsten den sprunghaften Fortschritt der sozialistischen Marktwirtschaft. Die Berge, die Täler, die Flüsse hier, ein scharfer, schon unerhört blauer Himmel, schon erste Vermutung von Mittelmeer, und überall Fabriken, Schornsteine, die rauchen. Eine Provinz erwacht. Aus diesem muselmanischen, diesem etwas türkischen und sehr albanischen Städtchen Priština erhebt sich heute im Zentrum eine moderne, rechtwinklige, gläserne Neustadt, die beinah zu sachlich, zu funktionell wirkt im bunten Gewimmel des Südens. Einmal wird die Welt ein Glaspalast sein, durchsichtig von allen Seiten. Und hier fängt das an.

Was bleibt von Priština, rückblickend? Das Heulen der

Hunde nachts, die wie hungrige Wölfe die ganze Nacht vor dem Hotel standen, bellten, jaulten, ein markerschütterndes Gekläff veranstalteten, herrisch hoffend auf Zusatznahrung. Tatsächlich können einen die Hunde von Priština etwas das Fürchten lehren – so gegen drei Uhr morgens. Alle Not der Kreatur bellt einen an. Das Zimmer war wieder sehr modern. Es war alles da, was der Mensch braucht, nur funktioniert es leider wieder nicht, hier noch weniger. Es ging der Fahrstuhl, das Telefon nicht. Der Wasserhahn blieb in der Hand. Es blieb aber auch die Erinnerung an den Aufschwung des albanischen Verlagswesens, der Literatur hierzulande. Ich hielt einen schönen, sehr kultivierten Band Thomas Mann in der Hand. Tonio Kröger auf Albanisch. Ich dachte: was schert hier diese Muselmanen, gestern noch Analphabeten, heute Schuhputzer zum größten Teil, die feinsinnigen Verstrickungen Lübecker Künstlerseelen? Tonio Kröger in Kossovo – das sind so die Kuriositäten der jüngsten Nationalitätenpolitik hierzulande. Darüber wäre noch viel zu sagen.

Ja, über die Schuhputzer von Priština muß ich noch ein Wort verlieren. Sie vor allem blieben in Erinnerung. Dunkelhäutige, braune Jungens mit schwarzen Ponnyhaaren, Rundschädel, hocken zu Hunderten auf den Hauptstraßen. Wenn man vorbei geht, beginnen sie mit der Holzkante der Schuhbürste sehr eindrucksvoll auf ihren Putzkasten zu schlagen. Erst lächelnd, werbend, aufmerksam machend. Dann, wenn man nicht reagiert, energischer, befehlender, beinah autoritär. Ist man vorüber, ergebnislos, so muß man mit einem Fluch rechnen. Man fürchtet, gleich die Schuhbürste im Genick zu haben. Das also sind die Sitten der Privatunternehmer im

Sozialismus. Es bleibt in Erinnerung: die Weiterfahrt, die Berge Montenegros, eine gräßliche Paßfahrt, eine Autopanne, dann Titograd, also der Durchbruch zum Meer, zur Adria. Das kennt man. Ich meine, über das Meer brauche ich doch nichts zu sagen? Die dalmatinische Küste, die kennt man in Deutschland.

Schließlich, auch das müßte ich sagen, nur zur Ergänzung: ich bin auch in Kroatien gewesen: die andere Seite der Wippe, also ganz oben. Man muß auch das sehen, um die Spannungen, das Gefälle dieser Gesellschaft verstehen zu können. Zagreb, das sehr kultiviert, etwas katholisch, beinah aristokratisch wirkt, erinnert uns schon an Österreich. Es wirkt wie ein modernes, hochintellektuelles Klagenfurt, könnte man sagen. Die »Praxis«-Leute, die Theoretiker des jugoslawischen Sozialismus sind hier zu Hause. Ich hatte den Auftrag, sie zu besuchen, aber war es nun meine Faulheit, meine Kontaktlosigkeit, meine Müdigkeit? Ich tat es nicht. Ich lief wie ein normaler Tourist durch die Stadt, zwei Tage lang. Immer so vom Bahnhof zum Zentrum und dann wieder zurück: was eben alle Touristen so machen. Zagreb, das einmal Agram hieß, ist für unsereinen ein Vergnügen. Die Stadt scheint aus Geist, aus Kunst, aus sehr erlesenem Stil zu bestehen. Ein Treffpunkt für Intellektuelle: Institute, Museen, Buchhandlungen: eine Stadt, die liest, schien es mir. Lauter Studenten, lauter Kollegmappen auf der Straße. Professorengesichter: goldene Brillen, randlos, hohe Stirn, Denkerfalten: Theorie-Erwägungen, Versammlung von Ideen, die alle nun miteinander zu verknüpfen wären: die »Praxis«-Gruppe. Ich kann das nicht. Ich frage mich nur: was hält diesen Staat eigentlich zusammen? Was verbindet die Leute von Lubljana bis

Skopje? Ich glaube, es ist wie mit den Vereinten Nationen: Sie streiten sich, aber sie wissen, daß sie nur zusammen Zukunft haben. Nur gemeinsam wird das weiter gehen: Sozialismus, jugoslawisch.

Die weiße Stadt

Noch einmal Belgrad. Also noch einmal der ganze Text durchbuchstabiert: Repetitorium. Es ist hell, sonnig, ziemlich warm geworden in der Hauptstadt. Ein Geschmack von Frühling liegt in der Luft – Ende Februar. Schornsteingeschmack ist dabei. Die Leute auf der Terazije flanieren. Sie gehen, reden, diskutieren. Sie haben den Mantel geöffnet, sie schnuppern. Sie spüren die Sonne auf der Nase. Sie werfen die Mäntel, den Winter ab. Wird jetzt der Frühling kommen? An den Zeitungskiosken ist offenbar immer Hitze, immer Sonne, wie bei uns. Die nackten Körper von ›Stern‹ und ›Quick‹ und ›konkret‹ locken: heiße Themen, heiße Höschen – der ganze Pornoquatsch aus der Bundesrepublik blüht auch hier, obwohl man nicht den Eindruck hat, die Leute hier litten unter Orgasmusproblemen. Sie wirken gesund, rustikal-deftig, fröhliche Draufgänger. Man braucht ihnen nicht auf die Sprünge zu helfen – mit Theorie. Die Jugend geht eng umschlungen, zärtlich vereint, Studenten aus Bauernfamilien. Ich glaube nicht, daß man sie aufklären muß.

Anders bei mir. Ich brauchte noch Aufklärung in meiner Sache, also soziologisch. Wo gibt es sie? Ich war da, aber bin ich durchgekommen? Ich war nun in dieser Gesellschaft, aber habe ich ihre Reflexe, ihre Mechanismen, die eigene Weise ihres Funktionierens wirklich verstanden? Jugoslawien ist ziemlich schwierig. Das merkt man zum Schluß. Es sind immer mehr Fragen, die sich zum Schluß stellen: Fragen, Fragen, nichts als Fragen. Ich laufe durch die Stadt, fragend. Ich laufe wie ein Hund von Ecke zu Ecke, ich laufe von Büro zu Büro. Ich habe einen Kopf voller Fragen und die dumme Erwartung, daß es auf Fragen Antworten gäbe. Solides, Handgreifliches, das man schön brauchbar nach Hause mitnehmen könnte: Konkrete Versicherungen, daß die Welt nur so und nicht anders beschaffen sein sollte: also jugoslawisch. Mir hat das sehr imponiert. Wäre das nicht ein Ausweg, ein Modell für uns alle? Diese tiefe, kindliche Erwartung immer in mir, daß es brauchbare Antworten, handverpackt gäbe, die man nun mitnehmen kann als Rezepte für eigene Schmerzen.

Ich fragte also den Mann von der Zeitung: Wie steht es hier um die Pressefreiheit? Der Mann schwankt etwas, schweigt, überlegt in jener ruhigen, nachdenklichen Art, die ich nun kenne. Er sagt: Naja, es gibt natürlich überall Tabus. Es gibt auch hier Probleme, an die man besser nicht rühren wird. Aber eine Zensur gibt es nicht. Die Redaktionen sind unabhängig, auch von der Partei. Für uns ist das Wichtigste: wir müssen rentabel arbeiten. Auch die Presse ist marktwirtschaftlich orientiert. Wissen Sie, was das heißt? Eine kommunistische Zeitung, die sich verkaufen muß am Kiosk? Wir brauchen noch mehr Reklame, mehr Werbung im Blatt.

Ich fragte den Ingenieur in der Elektrofabrik »1. Mai«: Also das mit der Arbeiterselbstverwaltung habe ich verstanden, theoretisch, aber wie funktioniert diese gute Idee in der Praxis? Sind denn die Arbeiter intellektuell in der Lage, ein so hochkompliziertes und anfälliges Gebilde wie einen modernen Industriebetrieb ernsthaft zu kontrollieren? Ich meine: bilden sich nicht vom Fachverstand her neue Elite- und Managergruppen, die die Arbeiterselbstverwaltung geschickt unterlaufen? Die Antworten überzeugten mich nicht. Ich fragte den Mann von der Partei: Ist Titoismus ein Exportartikel? Nein, sagte der, wir schätzen den Begriff Titoismus nicht. Wir sprechen vom jugoslawischen Weg, unserem. Das ist kein Exportartikel. Wir fühlen uns nicht als Modell, wie etwa die Schweden. Wir verantworten nur unsere Sache, weiter nichts auf der Welt. Dann war der Verleger dran. Ich fragte: die Freiheit hier in der Kultur ist bewundernswert, aber wenn ich all diesen amerikanischen Schund und den westdeutschen Pornoquatsch sehe, der damit bei Ihnen auch hochkommt an Ihren Kiosken, – geht das nicht doch etwas zu weit? Der Verleger sagte: es gibt keinen Mittelweg – leider. Wir sehen ungern, was da alles so mitschwimmt bei uns, aber das ist der Preis der Freiheit. Wir wollen das nicht mehr: verbieten. Es wäre der Anfang vom Ende. Ich nickte etwas melancholisch. Dann war der Herr vom serbischen Informationsministerium dran. Ich fragte: dieser Kult der Nationalitäten hier ist ja abenteuerlich – für unsereinen. Jugoslawien löst sich ja langsam auf in einen hauchdünnen Staatenbund. Sicher werden hier auch noch die Zigeuner eine autonome Republik gründen? Finden Sie das im planetarischen Zeitalter und von Kommunisten gemacht, nicht doch etwas provinziell? Der Herr fand es nicht. Er sagte: Nein, Sie sind auf dem Balkan hier, mein Herr,

Sie sind in einer anderen Epoche. Die Völker Jugoslawiens wurden immer unterdrückt. Wir brauchen diesen extremen Regionalismus jetzt. Jetzt soll sich jede Nationalität hier ausformen, frei fühlen, zu sich selber finden. Wir brauchen diesen Schritt im Augenblick. Und was soll einmal nach Tito werden? fragte ich schließlich. Meinen Sie nicht, daß die Russen einen neuen Druck ausüben werden? Die Russen setzen doch offenbar auf die serbische Karte und wären ganz gern in Triest, nicht wahr? Ich meine, das paßt so gut zu Kairo, Alexandria?

Ja, so ist das also in Jugoslawien, so ungefähr. Man kommt ziemlich naiv und viel zu schnell angeflogen. Man fragt sich: wohin geht eigentlich die Reise? Ach dahin? So ein Ferienland auf dem Balkan, das wird man rasch durchschauen. Man ist viel zu sicher. Man mokiert sich am Anfang über die Kellner, die zu würdig und langsam gehen, über die kyrillischen Buchstaben, das Hupen der Autos und den Rauchgeschmack in der Stadt, und zum Schluß ist das alles verflogen. Man ist ernüchtert. Zum Schluß sind nur noch Fragen da: Realitäten, Probleme, Politik, also Leben. Was? Wie? Wo? Warum ist das so hier? Lauter offene Stellen. Man ist in eine sehr komplizierte Gesellschaft geraten, von der man spürt: sie ist eigentlich zu verzwickt für dich. Du durchschaust sie nicht. Du hattest nur einige Erfahrungen: deine.

Also noch einmal Terazije. Ich stehe am Fenster, Hotel Kasina im 8. Stock. Man sieht weit über die Stadt: das Hotel Moskau, die City, die Save, die Donau, Neubelgrad dahinten. Ich denke an das, worüber ich nun schreiben werde zu Hause, aber dann tat ich es nicht, nicht hier: also Nachholversuche. Ich habe nichts über die Klöster des Landes geschrieben, auf die die Menschen hier so stolz sind, der Geschichte wegen. Das dunkle, starre Reich der Ikonen, das mich eigentlich nur müde und lustlos macht: Freskenkunst – ein Maskenspiel, ein Totenreich. Das Beste in diesen Klöstern erschien mir immer der Wein, der Schnaps, die Schnapsnasen mancher Popen. Museum mit Weinkellerei, so enden schließlich die Klöster, gottlob. Ich habe nichts über die Türken geschrieben, die immerhin fünfhundert Jahre lang das Land beherrschten. Heute zahlt sich das aus. Wenn irgendwo etwas ganz miserabel und rückständig ist: eine uralte Brücke etwa oder der Steinschlag, das Geröll auf den Straßen, die eigentlich sehr modern, sehr gut sind, nur der Steinschlag bleibt eben liegen, – dann sagen die Jugoslawen etwas ironisch: Sie müssen das verstehen; immerhin hatten wir fünfhundert Jahre die Türken im Land. Da ist noch manches liegen geblieben. Ich habe nichts über den Zeitungshändler in Zagreb geschrieben, bei dem ich einmal neugierig NEUES DEUTSCHLAND verlangte. Das führen wir nicht, mein Herr, sagte er etwas pikiert in bestem Österreichisch. Bei uns ist das unverkäuflich. Der Herr sind wohl aus der DDR, pardon? Ich habe nichts über das Revolutionsmuseum in Belgrad geschrieben, das mich erstaunte, ach, hell entzückte. Zum erstenmal sah ich die Geschichte einer kommunistischen Partei unfrisiert und undogmatisch dargestellt, zudem noch sehr modern, beinah verspielt in der Form. Man hat Djilas nicht wegretouchiert. Bekanntlich ist doch die Vergangenheit immer am schwersten vorauszusagen im Kommunismus. Sie wird immer neu geschrieben, nicht hier beim Bund der Kommunisten. Mein Führer tröstete mich zum Schluß mit den Türken. Er sagte: wir waren fünfhundert Jahre geteilt und besetzt, mein Herr. Glauben Sie uns, wir können mit den Deutschen heute mitfühlen. Ich fand das etwas stark. Eine Provokation, würde man wohl im Osten sagen, oder hatte er es anders gemeint?

Und natürlich, das Wichtigste für die Kunstfreunde hier in der Stadt: ich habe nichts über die Belgrader Oper geschrieben, die einigermaßen berühmt ist: ein Faltenwurf aus Samt und Ewigkeit. Ich saß für ein paar Minuten in einer prunkvollen Seitenloge, so rein zufällig. Man sah gerade eine düstere Gebirgslandschaft, als ich eintrat. Ein Bariton grollte dunkel, ein Tenor gab eine helle, schwelgende Replik. Eine füllige Sopranistin rang sich mit wogendem Busen eine rasende Liebesarie vom Herzen. Dann wurde es noch dunkler auf der Bühne. Andacht verbreitete sich. Man hörte Glöckchen, frommen Pilgersang. Klosterbrüder schritten mit Hirtenstäben feierlich und streng durch die Szene. Ein Kruzifix blitzte. Die vollbusige Sopranistin stürzte zu Boden. Sie schrie. Sie sah ihre sündige Liebe ein und flehte um Gnade, Vergebung. Es war ein erhabener Augenblick bei mir in der Loge. War das nun La Gioconda oder Margarethe oder gar Troubadour? Das hast du doch schon als Kind gesehen, in der Deutschen Oper? Das sind doch die ewigen Werte der Menschheit, die uns ganz oben begleiten, wie Sterne. Ob Ulbricht oder Adenauer, ob Stalin oder Tito, ob Kairo oder Tel Aviv: die Oper überlebt alles. Einmal wird das alles vergangen sein, was uns so bewegt: Faschismus und Kapitalismus, sogar der Sozialismus. Nur Verdi und Puccini sind ewig. An die kann man sich halten. Warum tust du es nicht?

Also noch einmal Terazije. Ich stehe am Fenster Hotel Kasina im 8. Stock. Man hört den Straßenverkehr, das

Brodeln der Stadt, die eigentlich grau ist und ziemlich rauchig. Ich weiß: es ist doch eine unglaubliche Stadt. Es ist wie ein Märchen. Da unten wird ein Marxismus versucht für die Menschen, nicht für den Staat. Traum aller Linken: Sozialismus und Freiheit. Wo gab es das je in Europa? Prager Traum, Dubceks Traum – hier ist das doch. Hier ist das doch möglich. Ich singe also wieder mein deutsches Lied. Ich sage: Belgrad ist doch eine weiße Stadt. Ich will sie reinwaschen.

Das perfekte Schattenreich

Bilder einer Schweden-Reise

Orpheus steigt herab

Gleich zu Beginn, also gleich hinter Hälsingborg, Europastraße 4, kam mir dieser skurrile Gedanke, diese antike Vermutung, etwas verrückt, so nördlich: Merkst du denn nichts? Du fährst in ein Schattenreich. Das ist nicht eine Reise wie andere Reisen auch – im Licht. Es ist beinah, wie sich die Griechen den Hades vorstellten. Gefilde der Abgeschiedenen, fast wie bei Gluck. Man gleitet im schwarzen Wasser hinüber von einem Land in das andere, so wie sich die Griechen den Tod vorstellten: unmerklich, sanft, lautlos. Es gibt keine Grenzkontrollen zwischen Dänemark und Schweden. Man gleitet einfach so hinüber auf diesem Fährschiff, das Gustav Wasa heißt, und sieht, wie das Licht fahler wird. Es ziehen die Möwen hoch oben schwingend, gleitend, schreiend wie Todesvögel hinter der Fähre her. Hieß das Wasser nicht Styx bei den Alten? Aber die Toten sind eben nicht tot. Sie leben weiter, schattenhaft und selig: drüben. Soll man sich das Reich des Hades, das Elysium als eine Art Wohlfahrtsstaat vorstellen? Die haben einfach alles drüben – nur im Schatten.

Nein, es ist eigentlich nicht meine Art, auf Reisen antike Mythen zu bemühen. Ich liebe das nicht: so frühe Verdunklung. Aber wenn man nach Schweden einfährt, müßte man ziemlich fühllos sein, ziemlich blind, auch taub, wenn man nicht mit allen Sinnen sofort die Veränderung spüren würde. Hier schlägt etwas um; die Spannung der Existenz wird herabgesetzt. Du kommst in ein Tiefland, hochentwickelt. Hier ist alles anders. Hier ist alles genau wie bei uns, aber in ein anderes Licht getaucht, das die Dinge fahler, glasiger, abgerückter erscheinen läßt. Diese endlose Landschaft hier, die schwer und lastend wie eine Urweltlandschaft daliegt, vor sich hinbrütend, dem Menschen nicht zugehörig. Das ist kein Ackerland wie bei uns, auf dem Korn reift, Bauern arbeiten, also Kultur. Das ist steinalte Natur, endlos, formlos fließend, so zerlaufend im All, eigentlich trübsinnig. Ob hier des Nachts Geister, Elfen tanzen?

Noch einmal Ausfahrt Hälsingborg, Europastraße 4. Es ist mittags um 12, also ziemlich hell, ein Julitag. Manchmal bricht für Augenblicke die Sonne durch die Wolken, aber alle Autofahrer, die uns entgegenkommen, fahren mit Licht, manche auch noch mit Nebelscheinwerfern und blenden und blinken dauernd. Nanu? Man sieht tief in das Tal, wo sich die Straße hinzieht nach Stockholm: hunderte von Volvos kommen uns entgegen, und alle haben Licht eingeschaltet, fahren so langsam und feierlich wie auf einer Schiene gleitend. Keiner schert aus, niemand überholt. Alle fahren einheitlich siebzig Kilometer. Es wirkt wie eine Prozession, so feierlich. Was ist denn hier los, frage ich? Wer wird hier beerdigt? Warum so viel Polizeiwagen auf den Straßen, und warum dieser griechische Verweis auf ihren Limousinen? Es steht da immer in großen Lettern: POLIS. Es war aber nichts los, so lernte ich später. Es war einfach Schweden, hochentwickelt, mit Schwedenstahl und schwedischen Sicherheitsgurten, mit Scheinwerferlicht am Tag und dann höchstens fünfundsiebzig in der Stunde. Wahrscheinlich führen sie auch noch Blutkonserven bei sich? Ihr Gott heißt Sicherheit.

Abends dieser Ort, der mich so mutlos machte. Der erste Abend, eine kleine graue Depression. Rückzugsversuchungen. Diese böse Vorahnung: So wird das überall sein; kein Land für dich. Der Ort heißt Örkelljunga, eine Kleinstadt in Schonen, und ist wie ein Anfall von Müdigkeit, wie Phanodorm. Die Straßen leer, die Häuser grau und abweisend. Sie stehen in ihrem gelben Klinkerbaustil vereinzelt da, lustlose Zufälligkeiten, reine Abweisung. Jetzt kommt ein Einkaufszentrum, vor dem ein paar junge Burschen mit Motorrädern stehen. Die Burschen haben lange, weiße Bubiköpfe. Sie langweilen sich, lassen manchmal ihre Motoren aufheulen. Im Knattern der Motoren hört man erst ganz das Schweigen solcher Städte. Wie still das hier ist. Leichenhausstille. Ich gehe weiter: die Kirche, ein spitzer neugotischer Bau aus rotem Klinker, der mich an Spandauer Kirchen erinnert: Protestantismus, verblichen. Dann kommt ein großes, modernes Gebäude: die Volkshochschule. Dahinter beginnt dann der See. Alle schwedischen Orte, so schien es mir, liegen immer an einem See, haben immer eine spitze Kirche, ein Einkaufszentrum und eine Volkshochschule, nur darf man sich das nicht wie bei uns vorstellen: belebt, farbig, bevölkert. Der See liegt schwer und bleiern da, auch er hat etwas von Unterwelt. Schwarzes Wasser. O, große Einsamkeit – schrecklich: Frösche quaken. Ich setze mich auf die Bank am See, sehe den Wildenten zu, die an Land paddeln, im Steingeröll herumtrapsen, Futter erhoffen von mir. Ist das also das berühmte Schwedengefühl: am

See sitzen, ins Wasser starren, eine Angel werfen, entspannen? Man sinkt immer tiefer. Man ist jetzt in Ingmar Bergmans Reich, denkt man. Gleich werden Zwerge aus dem Wald kommen und eine Jungfrau und bärtige Männer mit Holzfällergesichtern. Dann wird die Jungfrau vergewaltigt, und eine Quelle entspringt wundersam: reiner Naturklimbim. Bergman, das merkt man hier, ist eben Schwede.

Aber dann kam es doch anders. Oben auf der Straße hörte ich zwei Motorräder. Es waren die Burschen vom Einkaufszentrum. Die Motoren heulten, die langen weißen Haare der Burschen wehten wie Friedensfahnen, sie jagten, wilde Engel, die Straße entlang; für ein paar Sekunden ein ohrenbetäubender Lärm am See, dem bleiernen. Natürlich, dachte ich, das hast du doch auch schon einmal gesehen – im Film: Cocteaus Orphee. Madame La Mort und ihre beiden Todesboten? Orpheus steigt herab.

Im Touristentresor

Dann aber, nach Tagen, kam doch der Augenblick, wo ich lachte, wo ich strahlte, triumphierend sagte: siehst du, das habe ich doch gewußt, wie toll Schweden ist! Nun sieh dir das einmal an: so ein modernes Hotel in Stockholm; mein Gott, ist das raffiniert, ein Traum der Technik. Welch eine verwegene Modernität, aus welcher Bauernkultur kommen wir? Freuden der Zivilisation: das 21. Jahrhundert, hier hast du es. Spürst du nicht, daß dieses Hotel Amaranten pure Zukunft ist? So werden wir alle einmal leben: Hunderte von Maschinen, die uns dauernd surrend bedienen. Hörtest du nicht schon, als wir zum erstenmal in die City einfuhren, überall dieses Klicken und Summen, diese verschiedenen Meßtöne, das zarte Pfeifen der Elektronik? An den Bürohäusern die Namen der großen amerikanischen Computer-Firmen. Die Stadt wird von Rechenmaschinen und Elektronengehirnen beherrscht. Stockholm ist ein Automatentraum, in dem es immer klick, klick, klick macht. Dann fällt alles fertig heraus.

Glück, in so einem automatischen Zimmer zu wohnen: hell, sauber, vollkommen anonym – ist es eigentlich ein Glück? Alles im Schwedenlook, skandinavische Wohnkultur. Draußen ist es immer blaß und kümmerlich; drinnen ist es luxuriös. Elektrische Betten mit Vibrationseffekt, dreistufig. Diese raffinierten Schränke, und überall kommt Musik heraus: diese stille, besänftigende Barmusik, die wir so brauchen. Öffne im Haus eine Tür: du wirst immer von sanfter Musik empfangen. Und dann gibt es den Fernseher, den Eisschrank im Zimmer, die Höhensonne, das Rotlicht, die Fernheizung, die dauernd arbeitet, auch im Sommer, und die Aircondition, die die Hitze wieder runterholt und neureguliert. Man darf allerdings kein Fenster öffnen in Schweden. Überall die Mahnung, dreisprachig: Wir warnen Sie. Öffnen Sie nicht das Fenster. Es bricht unsere Aircondition zusammen. Man kann also mit einem kleinen Hotelfensterchen einen ganzen Wolkenkratzer lahm legen.

Es wäre nun eine Abhandlung zu schreiben über Einzelheiten, worin sich Schweden mir zeigte, worin ich seinen nationalen Topos sah – als Fremder: zum Beispiel das Zufallen der Türen hierzulande, ein bedeutsames

Thema. Wer hat es schon analysiert? Zimmertüren gleichen hier alle unseren Tresortüren. Sie sind aus Stahl, zentnerschwer, meistens zwanzig Zentimeter dick und haben eine Art, einen Ton zuzufallen, vornehm und entschlossen, der mich an das Zufallen von Mercedestüren erinnerte. Wohlstand fällt mit und Sicherheit: man fühlt sich richtig eingeschlossen. Mein Gott, was habe ich auf dieser Reise doch gekämpft: mit Stahltüren, mit Sicherheitsschlössern, mit Kombinationssystemen. Die schwedischen WKS-Schlösser sind von der subtilen Raffiniertheit, die manchem Banktresor Ehre machen würde. Steht man draußen, vor der Zimmertür, so kriegt man dieses zweimal halblinks, einmal halbrechts und dann kräftig durchstoßen, das alle Schweden so mühelos beherrschen, nie hin. Warum schließen sie sich eigentlich so ein? Warum kapseln sie sich so radikal ab? Ich behauptete immer: das Schloß ist kaputt, ich Neuling. Ich ließ jemanden von der Rezeption kommen, der mir dann unendlich geduldig und freundlich zum drittenmal erklärte, wie die Schließmechanik in diesem Haus funktioniert. Ich will von den Ängsten drinnen nicht sprechen. Aber ich weiß, daß am ersten Abend gegen sechs Uhr in meinem Tresor plötzlich ein heller Brummton sich ausbreitete. Er kam stereophonisch aus allen Ecken zugleich: nachsichtig und doch unerbittlich. Ich litt das eine Weile, ein böser Ton. Dann rief ich wieder um Hilfe. Ein blonder Jüngling erschien mit Hamletfrisur. Es wehten wieder die langen Haare wie Friedensfahnen. Er erklärte mir höflich, dies sei die automatische Weckanlage, die ins Radio eingebaut sei. Ob ich das denn nicht wüßte? Ich solle die elektrische Uhr im Radio auf zwölf stellen. Dann schweigen alle Wecker hierzulande.

Mit all diesem will ich nicht gerade sagen, daß man sich in den ersten Tagen in Stockholm wie ein Bauer vorkommt, der die Stadt besucht und nun so herumstolpert und das meiste falsch macht und immer Angst hat, sich zu blamieren. Aber zunächst ist man doch etwas verblüfft über diesen Anfall totaler Technisierung in so einem Naturpark. Man findet es etwas übertrieben. Dieser vollkommene Ersatz des Menschen durch Maschinen. Ist das wirklich nur Rationalität? In den Selfservice-Restaurants gibt es nur noch eine große, elektrische Speisekarte am Eingang, wo man sich das Tablett nimmt. Das finde ich vernünftig. Man drückt einfach auf das Knöpfchen hinter dem Preis, und irgendwelche Zangenarme lassen dann am Ende der Theke den Teller aufs Tablett fallen. Vor den Bürozimmern in Stockholm gibt es subtile Lichtsignale. Das fand ich nur komisch. Grünes Licht signalisiert dem Besucher im Flur: Sekretärin nimmt gerade Diktat auf. Gelbes: die Dame hat eine Besprechung, blaues: der Chef hat die Dame gerufen. Und rotes Licht, fragte ich. Heißt das vielleicht im freien Schweden: jetzt schläft der Chef mit der Sekretärin? Bitte nicht stören?

An einem Sonntagabend war es sehr kalt in meinem Zimmer. Ich rief wieder den freundlichen Hamlet zu Hilfe. Sorry, sagte der: es haben auch schon andere Gäste Klage geführt. Aber wir können in diese Apparate nicht eingreifen, nicht am Sonntag. Wir zwei sind ganz allein hier im Haus. Stellen Sie sich das Rotlicht ein. Es wärmte tatsächlich. Es war für mich immer etwas mühsam, Ruhe zu finden, einzuschlafen. Es arbeiten zu viel Maschinen für einen, auch nachts noch. Irgendwo an der Decke wird immer Feuchtigkeit eingesprüht in die trokkene Luft. Im Eisspender fallen manchmal die frischen Eiswürfel eine Etage tiefer. Luft, die künstlich abgesaugt und eingeblasen wird, rauscht. Etwas brummt, tickt, klickt hier immer. Man fühlt sich wie ein Schatz in Banktresoren.

Eine Hauptstadt – nicht für Menschen

All diese Annäherungsversuche, Versuche, in die Stadt einzudringen, zu sagen: Stockholm ist doch schön. Eigentlich sind sie alle mißlungen. Ich versuchte es zehn Tage lang; es war vergeblich. Die Stadt ist ein klares Nein an den Menschen, und ich meine: man muß das aussprechen. So etwas sah ich noch nie: so viel schwarze Abweisung. Die Stadt ist düster und unwirtlich und ziemlich häßlich. Vom Wetter will ich nicht sprechen: der Sommer war so ein milder Dauerregen, von Windböen unterbrochen. Die Stadt steht auf grauem Felsengestein, vom schwarzen Wasser der Ostsee und des Mälarensees umflossen. Die Stadt besteht aus 14 Inseln mit 50 Brücken, aber sein Vergleich mit Venedig wäre absurd. Schwedische Erfahrung, immer wieder: einerseits ist Stockholm reine Natur, ein Felsengebirge im Meer, ein gewaltiger Brocken, das ist zuzugeben, andererseits ist es exzessive Technisierung, schwer begreiflich für den Fremden.

Zehn Tage lang vergeblich im Auto mit dem Highway-System gekämpft. Die Stadt, die grau, überaltert, wie ein monströses Berlin der zwanziger Jahre wirkt, ist in den letzten Jahren auf eine rabiate Weise modernisiert worden. In der Innenstadt werden ganze Viertel weggeschoben, abgeräumt. Man stößt immer auf Gruben und Löcher, überall gähnt die Tiefe, der Orkus. Darüber dieses Highway-System. Sie haben sich da zur Überbrückung der vielen Inseln ein Kommunikations-System ausgedacht, das sicher vernünftig ist, auf den Fremden aber vollkommen entmutigend wirkt. Man schafft es einfach nicht als Tourist. Man lernt es nicht, sich in dieses Labyrinth von Kurven und Rundbögen richtig einzufädeln und landet mit Sicherheit immer auf der falschen Insel. Man muß sich das so vorstellen: unten diese schwarze, überalterte Eisenstadt, und darüber wölbt sich in drei, in vier, manchmal in fünf Etagen, blitzblank und modern, ein Highway-System, das sich wie ein himmlischer Knäuel immer mehr nach oben verwirrt und sich dann in den Wolken verliert, die hier ja sehr niedrig hängen. Natürlich übertreibe ich jetzt. Die Teufelei besteht darin, daß der schlichte Augenschein bösartig trügt. Da drüben direkt liegt doch Riddarsholmen, sagt man. Da rechts ist doch Kungsholmen; ich bin doch nicht blind. Da links ist doch Skeppsholmen – ich sehe es doch vor Augen. Wer so direkt, so naiv fährt, wird schreckliche Verwirrungen erleben. Man muß sich in dieses nordische Gefühl des Fließens und Zerlaufens einschwingen. Man muß ein Gefühl für Umwege, für Schlangenlinien, für Spiralen kriegen als Autofahrer. Ich habe es nicht gelernt.

Stockholm ist auch ein klares Nein an den Fußgänger. Auch so etwas sah ich noch nie. Dieser erste Abend, als wir einfach so losgingen, die Altstadt suchend, die wirklich schön ist, ein guter Kern, anmutig und voller Geschichte, in dieser bösen Frucht. Also: als wir da nichtsahnend aufbrachen, unwissend, welch ein Labyrinth uns erwartete: zu Fuß. Bürgersteige sind offenbar knapp in Stockholm. Irgendwo hören sie bestimmt immer auf, und man steht etwas verwirrt und ratlos auf dem Asphalt einer Schnellstraße und weiß nicht mehr weiter als Fußgänger. Angstgefühle, Gefühle verloren zu gehen auf Brücken. Wir kletterten Eisentreppen hoch, wir liefen über Schienen, wir überquerten Bahnsteige, wir schwangen uns verrostete Leitern hoch und sagten immer: aber da oben ist doch unsere Straße. Wie kommt man nur hinauf?

Selbst auf der Kungsgatan, Stockholms Hauptstraße, herrscht pure Unwirtlichkeit. Es ist nichts auf soziale Kommunikation, auf urbane Solidarität, auf städtische Treffpunkte für Menschen angelegt. Die Stadt ist reine Introversion: Hochhäuser, die vor sich hinträumen; im Inneren sind sie sehr schön. Da haben sie mitten im Zentrum zwischen dem Konzerthaus und dem Sergelstorg in den letzten Jahren so etwas Modernes, Offenes versucht: fünf achtzehnstöckige Hochhäuser mit Ladenstraßen, Tiefgaragen, unterirdischer Markthalle und dreistöckigen Fußgänger-Etagen. Das Viertel heißt Hötorgcity, und die Stockholmer sind stolz darauf. Auf unsereinen wirkt es wie kalte Pracht. Die Proportionen stimmen nicht. Die Häuser sind viel zu hoch für die engen Ladenstraßen. Sie bedrohen die Passanten. Man fühlt sich wieder hilflos. Und gleich daneben am Sergelstorg dieser Springbrunnen, der anmutig ist: sie haben da Bänke aufgestellt, zwanzig hübsche weiße Parkbänke, aber statt sie locker und menschenfreundlich um den Brunnen zu gruppieren, stehen alle zwanzig Bänke wie

Zinnsoldaten stramm hintereinander. Es sieht wie eine Schulklasse aus, die gleich kommen wird, um hier ihr Examen zu machen. Ich meine, man müßte die schwedischen Stadtplaner einmal nach Paris oder Mailand schikken, damit sie studieren können, was eigentlich ein Platz ist in unserer Kultur: schöne Zusammenführung. Hier ist er nur leerer Raum.

Schon abends um acht ist die Innenstadt leer, ausgestorben. Kaum Autos noch auf der Straße. Fremde irren an Schaufenstern vorbei, die alle Rea, Realisation, als Ausverkauf anpreisen. Wind schlägt einem entgegen, Regen peitscht ins Gesicht. Es ist dunkel und naß, eine Berliner Novembernacht – jetzt im Juli. An einer Taxihaltestelle stehen viele Stockholmer und warten. Vor einem Café windet sich eine noch längere Schlange, wie sonderbar. Man muß sich das vorstellen: es ist dunkel und regnerisch, es ist neun Uhr abends, und es stehen etwa dreißig oder vierzig Menschen elegant gekleidet, unendlich geduldig vor einem Café. Und alle mit Regenschirmen. Eine Dame mit Abendkleid liest dabei Zeitung. Eine andere Dame streitet mit ihrem Hündchen, ein Herr liest tiefversunken in einem Buch, und jedesmal, wenn ein Gast das Café verläßt, winkt der Portier mit einer kleinen, unauffälligen Gebärde und einer darf eintreten. Ich frage mich, was ist das für eine wohlerzogene Nation? Das Bild hat auch etwas Jenseitiges an sich: lauter Engel unter Regenschirmen.

Abends manchmal dieses Schauspiel

Trotzdem, die Stadt hält Überraschungen bereit. Manchmal, wenn ich nach dem Abendessen noch einmal losging: lustlos, unentschlossen, nichts mehr erwartend als eben diese Sprödigkeit, diese Menschenfeindlichkeit von Stockholm, trat dieses Schauspiel ein, von dem ich nichts wußte, von dem ich nie etwas gehört hatte. Schwer zu beschreiben. Es machte mich grenzenlos staunen. Es ist, wie alles, was wirklich groß und unvergeßlich in Schweden ist, ein Naturphänomen und beginnt gegen neun Uhr abends nach dem Sonnenuntergang an Sommertagen. Es ist nicht der Sonnenuntergang, wie man glauben könnte, ein Schauspiel das bekannt ist, auch anderswo. Wenn der vorbei ist, wenn die Sonne längst abgesackt ist hinter dem Horizont, beginnt in den hellen Julinächten hier ein Lichtspiel, das faszinierend ist, das die Stadt völlig verändert – für genau neunzig Minuten wie in einem Lichtspieltheater. Es ist, als wenn die versunkene Sonne von unten, nein, von hinten noch einmal den Himmel zum Aufleuchten brächte. Ein indirektes Licht schiebt sich ganz von hinten über den Horizont, erleuchtet den Himmel magisch. Die Wolken werden rückwärtig angestrahlt. Sie werden wie Kerzen, nein, wie Wattebäusche, die etwas Benzin enthalten, rückwärts angezündet, und nun gießen diese brennenden Wolken ein ganz unwirkliches Licht über die Stadt aus, die plötzlich verzaubert daliegt wie in einem Märchenbuch. Sieh da: Stockholm ist schön. Eben war es noch trist, fade, trostlos, jetzt um halbzehn ist es wunderbar. Es ist reine Kunst. Plötzlich heben sich diese altmodischen Häuser, diese grauen Kaimauern, die Kräne und Lagerschuppen wie raffinierte Kunstwerke, von Buffet gemalt, scharf und schön vom Himmel ab. Die Stadt ist ein einziger Scherenschnitt, der auch japanisch sein könnte, zart koloriert. Jede Linie ist von zarter Kontur, ist da, unerhört scharf und doch durchsichtig.

Diese späte Stunde ist Schwedens Wunder. Dieses Licht von unten, das noch einmal fremdartig wiederkehrt, sein Geheimnis. Nicht seine weißen Nächte, die einfach nur weiß sind – weiter gar nichts. Ich habe dieses Licht drei- oder viermal im Juli gesehen. Ich kann es nie mehr vergessen. Es ist unmöglich, von dieser jähen Verwandlung schäbiger Langeweile in reine Kunst nicht ergriffen zu werden. Unvergeßlich der Abend in Gripsholm am Mälarensee. Immer nach dem Abendbrot, immer wenn man diesem Land schon keinen Pfifferling mehr zubilligen will, geschieht das – manchmal. In Gripsholm war der Himmel plötzlich wie eine Operninszenierung. Ich erinnerte mich, so einmal Madame Butterfly gesehen zu haben, als Kind in der Berliner Staatsoper. So etwas vergißt man nicht. Man hatte, um das Japanische recht japanisch zu machen, die Bühne mit dunkelblauem Papier, so einer Art Pauspapier, ausstaffiert und dann von hinten stark angestrahlt. So war es in Gripsholm. Es leuchtete plötzlich die Landschaft in einem unwirklichen Opernblau auf. Gripsholm war eine einzige Bühne so gegen halbzehn, und dann stieg über dem See, der wie ein Kristall strahlte, so hell und blau, also hellblau, der Mond auf: Riesengroß und purpurrot. Es war so unwirklich schön, daß ich nichts mehr sagen will. Nur dies: es ist eine Art von Gerechtigkeit in der Welt. So viel Dunkelheit, so viel Regen und Kälte in Schweden, aber im Sommer, manchmal, an einigen Abenden, gibt es Entschädigung. Sie lohnt.

Selbst in Malmö, der südlichsten Stadt, sozusagen schon gegenüber von Travemünde, war es noch einmal so. Wieder die lustlose Stunde nach dem Abendbrot. Ich stand im Hafen von Malmö, der nicht bemerkenswert ist. Man muß ihn sich vorstellen wie das Hafenviertel von Mannheim–Ludwigshafen, genau so belanglos und blaß, allerdings mit Salzgeschmack. Und die Sonne, die längst verschwunden war, begann wieder das verrückte Bild zu malen, sie pinselte märchenhaft: erst am Himmel, dann in den Wolken, dann über der Stadt. Sie färbte die Lagerhäuser und Schuppen, die Schornsteine und Kräne in ein buntes Gemisch: zartrot, zartgelb. Alle Farben liefen ineinander wie in einem Tuschkasten, in dem man mischt. Das graue häßliche Hafengewirr von Malmö war ein Gemälde. Man hätte es nur noch einrahmen und abnehmen müssen, so schön war es. Das Gemälde sagte: Siehst du denn nicht, daß wir für diese eine Stunde gemacht sind? Unsere Städte sind keine Tagschönheiten; das ist wohl wahr. Sie sind auch keine Nachtschönheiten, leider. Wir sind nur in dieser einen schrägen Stunde schön, nach Sonnenuntergang. Du weißt doch: das schöne Schattenreich.

System Bolaget

Daß die Schweden gesund und von wunderbarer Natürlichkeit seien, sozusagen paradiesische Naturwesen, immer liebend, nackend badend, gehört mit zu den unausrottbaren Legenden, die eine triviale Filmindustrie in der Welt verbreitet hat: lauter Lügen. Es ist wahr, daß der Umgang der Schweden untereinander von bewundernswerter Nachsicht und Toleranz ist. Das hat schon etwas Paradiesisches hier: der Wolf und das Lamm; sie weiden beide. Niemand schiebt, schimpft, drängt in diesem Land. Man kann auch als Autofahrer das gräßlichste Verkehrshindernis bilden: nie wird die Kolonne hinter einem zu hupen anfangen. Wenn man dichter auffährt auf den Vordermann, so weicht er sofort nach rechts aus und gibt die Vorfahrt frei. Man kann auch vor Grünampeln träumen, dann warten die anderen eben.

Sie sind auf eine geradezu übermenschliche Weise tolerant und nachsichtig miteinander, doch bin ich unsicher, ob solche Tugend wirklich als ein Akt sozialer Souveränität zu deuten ist. Die berühmte schwedische Toleranz scheint mir eher ein etwas unklares Ineinander von Phlegma, ständiger Introvertiertheit und einer ausgeprägten Berührungsphobie. Ich behaupte, hier hat der Mensch noch Angst vor dem Menschen. Die Leute auf der Straße haben eine Art, aneinander vorbeizugehen, mechanisch und schnell wie Puppen, die immer nur sagt: Komm mir nicht zu nahe, berühre mich nicht, guck bitte weg. Ich will das nicht: Kontakt. Kontakte würden Probleme aufwerfen. Man stößt auf ein Volk von lauter einzelnen, lauter Introvertierten, die immer von ihren Seen, ihren Wäldern, ihrer Anglereinsamkeit träumen. Langsamkeit, Tiefsinn umgibt sie. ›Menschenmüdigkeit‹ ist ein Lieblingswort aller Schweden; jeder sehnt sich von jedem weit weg. ›Abschied von der Kindheit‹ ist ein Lieblingsthema aller Autoren hier: als ich das letztemal noch träumen durfte, damals als Kind, darüber sinnen sie gern. Sind sie nicht eigentlich das Volk der chronisch Depressiven?

Es gibt kollektive Neurosen in Schweden, die den Fremden in staunende Heiterkeit versetzen. Daß es so etwas noch gibt, unter modernen, aufgeklärten Menschen: so viel Angst, so viel Verklemmtheit, so viel schwerer Zwang. Der Alkohol zum Beispiel. Erst 1955 wurde die Rationierung des Alkohols aufgehoben. Spezielle Staatsläden, ›System Bolaget‹ genannt, regulieren die Abgabe. Ein Laden sieht haargenau wie der andere aus: von Trelleborg bis Kiruna in Lappland gibt es nur diese eine staatliche Konzession an das Laster: sauber, streng kontrolliert, unerhört teuer natürlich.

Man erkennt diese Läden von außen deutlich daran, daß nichts zu erkennen ist. Kein Schaufenster, keine Werbung, nur dicke Mauern, eine kleine Tür. Darüber das seltsame Wort: System Bolaget. Tritt man ein, so umgibt einen sakrales Schweigen, Tempelluft. Skandinavische Gediegenheit, Eleganz in der Ausstattung: schöne Teakholzkultur, das ist zuzugeben. In sehr schönen Holzregalen steht ganz hinten der köstliche Stoff gestapelt, der Whisky und Wodka und Branntwein heißt, und glänzt von weitem: teuflisch. Hinter der Theke die Verkäufer: Amtspersonen. Tragen sie nicht auch Uniformen? Sie bedienen halb wie Zöllner, halb wie Hohepriester, die Hostien reichen, und man spürt sofort: das ist kein Geschäft, hier wird nichts verkauft, hier wird ein Ritus zelebriert, eine nationale Neurose, hier wird dem Teufel der kleine Finger gegeben. Paß auf!

Und die wenigen Schweden, die nicht in den schwarzen Listen stehen, in denen die Amtspersonen zunächst blättern, die, die so unerhörte Schuld freiwillig auf sich laden, sind verängstigt und still, beugen sich vor, wagen das Wort Whisky oder Wodka nicht auszusprechen, sondern flüstern den Amtspersonen heimlich eine Nummer ins Ohr. Tatsächlich sind alle Alkoholarten numeriert: Wortphobien. Sie flüstern: 3, 12, 17, und kriegen dann, in eine zerreißfeste Tragtasche verpackt, sicher verklebt und verschnürt, diese Ungeheuerlichkeit, die Alkohol heißt. Auf den Tüten steht groß aufgedruckt: Trinkt keinen Alkohol – Es ist ein Verbrechen, an Heranwachsende Alkohol abzugeben, und die Schweden schieben sich diese Tüten schuldbewußt in die Brusttasche und schleichen wie Einbrecher davon, tiefer Schmach bewußt. Es ist unmöglich, in Schweden mit so einer Tüte spazieren zu gehen. Alle Introvertierten, alle Träumer würden plötzlich erwachen auf der Straße, würden unruhig werden, würden Alarm rufen: Vorsicht, der trägt eine Zeitbombe. Die tickt. Ich frage mich wieder: Was kommt da hoch – in Tiefland?

Pornoshop

Ich glaube, auch dieses Phänomen, das dem Land den etwas komischen Ruf eines Sex-Paradieses eingebracht hat, beruht auf einem Mißverständnis. Es ist richtig: die Pornographie ist auf eine radikale Weise frei in Schweden, die den Besucher aus der Bundesrepublik immer noch erstaunt, etwas verblüfft. Das meiste wird übrigens nicht in Schweden hergestellt. Das meiste sind Kopenhagener Importe. Es gibt gewisse Einschränkungen hierzulande: Pornographische Filme dürfen öffentlich nicht gezeigt werden; aber man kann das diskret umgehen.

Auch darf der Umgang mit Tieren im Bild nicht dargestellt werden. Hier ist die schwedische Polizei sehr streng; sie kontrolliert den Markt. Es spricht einiges dafür, daß die schmerzliche Menschenverachtung der Schweden den Hunden und Schlangen und Pferden des Landes solche Schmach nicht zumuten will. Mögen Menschen das treiben. Tiere tun sowas nicht, nicht bei uns. Man muß sie vor den Menschen schützen.

Also Pornoshops: es gibt sie überall im Lande, in Kleinstädten, in Großstädten, immer in Nebenstraßen. Es empfängt einen eine bunte, ach, eine kolossale Orgie in Fleisch, doch ist das zu menschenfreundlich, zu lustvoll ausgedrückt. Die skandinavische Pornographie hat es eigentlich nicht mit dem Körper, dem Fleisch, der Sinnlichkeit von Menschen zu tun; sie reproduziert in einer stereotypen Mechanik Genitalakte. Es ist wie beim Frauenarzt: eine gynäkologische Schau, tief und ernst in vaginale, in anale Ressorts hinein. Ob da vielleicht eine Infektion im Gang ist?

Die skandinavische Pornographie ist unendlich sauber, aseptisch und medizinisch aufgeklärt und wirkt in ihrer totalen Überbelichtetheit wie eine Unterabteilung des staatlichen Gesundheitsdienstes. So macht man das also, ihr chronisch Depressiven, wenn man zwei Genitalien vereinigen wollte, so zum Beispiel, bitte, so. Und dann gibt es noch diese Spielformen, Variationen der Liebe, die müssen in einer aufgeklärten Gesellschaft auch gelernt, eintrainiert werden: Genitale Mundkontakte, bitte so. Orale Analkontakte, so zum Beispiel. Und dann die Komplikationen im Gruppensex: eine Art Volkshochschule für Fortgeschrittene. Dann kommt die Abteilung, über der in goldenen Lettern steht: Homo. Hier wird die ganze Prozedur unter Männern durchexerziert. Dann kommt die Abteilung: Lesbos. Daran schließt sich eine Art Beate Uhse-Abteilung an, eine orthopädische Klinik für Verkehrsbehinderte. Allerlei Apparate und Instrumente, manche elektrisch mit Batteriebetrieb. Es ist wie bei einem Prothesenspezialisten: künstliche Glieder, anzuschnallen. Mit einem Wort: Krankenhausluft, sterilisiert.

Nein, ich will hier nicht Pornographie schlecht machen. Ich will die Darstellung der sexuellen Lust nicht diskreditieren. Ich meine, Pornographie kann sehr schön sein, ab und zu, gelegentlich und in Grenzen. Ich beklage nur die unendliche Phantasielosigkeit und plumpe Direktheit der skandinavischen Version. Sie ist einfach schlecht und unglaublich charmelos. Was haben uns da die Griechen, die Römer, die Japaner, die Chinesen für anmutige und kunstvolle Triebgeschichten, schöne Phantasien in Fleisch hinterlassen. Wie hat noch das Barockzeitalter die Fleischeslust gezeigt: das war Lust, es war eine Feier für Feinschmecker. Dies hier ist wie ein nationaler Dienst, eine Art Turnstunde der Jugend. Fach Leibesertüchtigung. Ach, ich hatte schon als Schüler immer etwas gegen Turnstunden.

In Schweden kommt noch etwas anderes hinzu. Ist es Sparsamkeit? Ist es ein Verkaufstrick? Die Pornoshops sind oft kombiniert mit einer anderen Branche. In der zweiten Ladenhälfte kann man Zeitungen, Tabakwaren, Waschmittel kaufen. Oft sind es einfach auch Drugstores mit einer Abteilung: sexueller Verkehr. Und es sieht nun wirklich etwas komisch und ziemlich desillusionierend aus, wenn die Leute da mit ihrem Einkaufswägelchen Waschpulver und Ata und Toilettenpapier vor sich herkarren und dann noch ein Kunstglied, eine Pornoplatte, ein Heftchen Lesbos draufwerfen. So direkt, so lustlos sollte man den Warencharakter nun doch nicht freilegen. Es wird der tiefe Trieb so mürrisch, so lustlos zusammen mit Scheuersand und Waschlappen. Ich frage mich: ist das also das Ende der Aufklärung? Sind das die süßen Früchte unserer Freiheit?

Die Schweden scheinen erpicht zu sein, Sexualität radikal herunterzuspielen. Porno ist hier wie Seifenreklame: nichts. Die gynäkologischen Großaufnahmen hängen überall in der Stadt herum, vor allem an Zeitungskiosken, und es ist für den Fremden schon etwas komisch am Anfang. Manchmal sucht man Lektüre. Man möchte die Frankfurter Rundschau, die Zeit, den Spiegel kaufen. Man geht um den Kiosk, aber hinter den Glasfensterchen werden nur weit gespreizte Schenkel von Frauen angeboten oder das kolossale Glied eines Mannes, an dem sich zwei Mädchen oral betätigen. Na bitte, na schön, und viel Vergnügen. Die Fotos sind etwas verstaubt und gelblich am Rande, und es kommt einem die Vermutung, daß so viel exzessive genitale Vergrößerung vielleicht etwas mit Schwäche, mit Kälte, mit Triebarmut zu tun habe. Könnte das sein? Gibt es frigide Nationen? Auf jeden Fall wirkt das Thema müde und langweilig hier, nach ein paar Tagen. Es ist weggeleuchtet. Man erblindet.

Hohes Norden oder

Ein Hauch von Karinhall

Nun aber weg. Weiter, immer weiter. Man möchte immer woanders hin in Schweden. Man hofft immer, daß es anderswo anders sei, daß irgendwo noch das eigentliche, das wahre Schweden begänne. Das kann es doch nicht gewesen sein? Man ist 1500 km gefahren, von Frankfurt nach Stockholm, und findet dann dieses monströse Altberlin vor, mit seinen Wunderlichkeiten, die ich beschrieb. Das kann es doch nicht gewesen sein? Es erinnert so viel an den Wannsee, die Havel. Das kann doch nicht alles gewesen sein, die ganze Reise? Also laß uns noch einmal 1500 km zulegen, sage ich. Das Land ist ja groß. Laß uns in den Norden gehen. Vielleicht wird es in Lappland interessanter? Wir fahren nach Kiruna.

Eisenbahnfahrt Stockholm – Kiruna: zweiundzwanzig Stunden. Es rast der Zug elektrisch. Es ist Sommerzeit, Ferienzeit, ›Semestertide‹ heißt das auf Schwedisch, übrigens eine schöne Sprache, sehr musikalisch, sehr tief, alles auf diesem einen Laut, der kein a und kein o ist, sondern das dazwischen: oa. Und alles mit Nasallauten: das Französisch des Nordens. Der Zug ist voll. Sie fahren in die Ferien, ein ganzes Volk. Schlagzeile von ›Aftonbladet‹, das die Leute im Zug lesen wie bei uns die Leute ›Bild‹: Endlich Freitag – Viele Menschen ersehnen sich das Wochenende! Siehst Du, sage ich, das sind so die Probleme, die Sensationen im Wohlfahrtsstaat: endlich wieder einmal Freitag, Sommerzeit.

Wir hatten es schon in Stockholm gehört. Im Hotel, in den Restaurants, von allen Schallplatten und Tonbändern, aus allen Maschinen kam immer der eine Refrain: Summertime. Es summte und sang, es tanzte und jubelte leise in allen Schlagern: Summertime. Alle Schaufenster sagten: Summertime und boten leuchtende Camping-Ausrüstungen. Die ganze raffinierte Schweden-Wohnung noch einmal: aufblasbar und zum Zusammenklappen. Die Modegeschäfte, die Cafés, die wenigen, und die sanfte Musik im Bad und im Lift, sie alle sangen: Summertime. Man hat leicht spotten. Hier ist das anders. Die Nation erwacht aus diesem schrecklichen Winterschlaf. Neun Monate Kälte, Dunkelheit, graue Nacht. Jetzt ist der Sommer da, der kurze: drei Monate nur, und alle Schweden summen selig: Summertime. Ein Elfentraum.

Sie fahren in ihre Sommerhäuser, diese kleinen roten Holzhäuser, die irgendwo im weiten Land stehen, ganz allein natürlich, ganz einsam, denn man ist ›menschenmüde‹. Der Zug rast durch das Land, ein Sibirien-Expreß, sehr demokratisch, und es ist immer dasselbe: immer Wälder, immer Seen. Man kann tagelang fahren, und wenn man am nächsten Morgen zum Fenster hinausblickt, ist immer noch derselbe See, derselbe Wald da und auf einem Stück Wiese das Sommerhaus also. Das Glück ist auch im Vorbeifliegen gut einzusehen. Das einsame Ferienglück steht offen. Die Schweden sind draußen, sitzen aufrecht in der Sonne, die nicht scheint. Das grüne Idyll ist von einer Gleichförmigkeit, die beim Vorbeifahren komisch wirkt. Es wiederholt sich alle zehn Minuten haargenau, es ist eigentlich ein einziges Bild: das rote Holzhaus, der Volvo davor, die Gartenmöbel sind mit großer Entschlossenheit herausgerückt, obwohl es beinah regnet. Überall ein leuchtender Sonnenschirm, ein Planschbecken für die Kinder, eine herrliche Hollywoodschaukel, in der die Eltern sitzen, der Mann meistens mit nacktem Oberkörper, denn es ist Summertime. Das Bild ist eine einzige Demonstration, ein überwältigender Beweis der schwedischen Egalité: die große Hoffnung Gleichheit sitzt im Freien, friert und sagt: Ferien.

Ja, und dann, dann war es doch anders, hoch im Norden, in Lappland. Hundertsechzig Kilometer über dem Polarkreis verändert sich die Landschaft – Gott sei Dank. Die ewigen Wälder, die singen, verschwinden, die Seen werden seltener. Die Tundra, die Steppe, die Wildnis beginnt. Des Menschen Spur hört auf. Manchmal noch die niederen, zerrissenen Buschbirken, struppige Birkenhecken; dann hört auch das auf. Es gibt keine Straßen, kaum Fußwege, ganz selten eine Ortschaft hier. Die Wildnis, das ist nichts. Nichts als Moose, Farne, Flechten, Steine, die Bärlappdynastie, breite Flüsse, manchmal Wasserfälle. Es ist die große Regression, botanisch. Es ist licht, es ist hell, weißglänzend hier oben geworden: die Zeit der hellen Nächte, immer noch. Noch Mitte Juli geht hier die Sonne nicht unter – es ist immer Tag, auch noch nach Mitternacht. Man kann um zwei Uhr nachts die Zeitung draußen lesen. Das Licht ist etwas fahl, etwas glasig geworden. Die Sonne rollt den Horizont entlang wie eine müde Apfelsine.

Mitsommernacht – das ist die Zeit der Freudenfeuer, der langen Feste: Feuerspringen. Sie soll die Leute hier oben in seltsame Euphorien, in schwebende Leichtigkeit, in die Taumel ewigen Lichtes versetzen. Ich sah das nie. Sie wirkten eher matt, zerknittert: halbe Finnen. Ich fand es lästig, diese Himmelstörung. Es ist nicht gut, wenn die Sonne nicht untergeht. Man schläft so schlecht, selbst in den diskreten Hoteltresoren. Man wacht oft auf, wälzt sich herum, träumt viel zu viel, stöhnt manchmal: soll es denn niemals Abend werden?

Kiruna, Abisko, Riksgränsen: nördlicher geht es nicht, noch reiner, unberührter, noch germanischer ist die Welt nicht denkbar. Wir sind jetzt ganz oben am kalten Dach der Welt. Ein Paradies für Sonderlinge, für Schwermütige, sensible Nordlandseelen, – mein Fall ist das nicht. Hier wird nur noch gewandert: den Stab in der Hand, die Gummischuhe, die Regenhaut, ein ungeheurer Rucksack, zentnerschwer, wird in den Euphorien der hellen Nächte durch die Wildnis geschleppt. Wohin, wozu? Man watet durch Flüsse, man balanciert über hauchdünne Stege, man stolpert Felsengeröll empor. Sie reden alle vom Kebnekaise, als sei es der Kyffhäuser. Schwedens höchster Berg dräut wie ein Mythos. Das Wandern ist hier wirklich des Müllers Lust, denn viele Deutsche, die mit Nordlandsehnsucht: die aus Hamburg, Gelsenkirchen, Lüneburg, traben herum, waten durch Wasser, erleben irgend etwas Tiefes, das sich mir entzieht. Ich mußte immer an Reformhäuser denken: Grieß und Graupen, alles so natürlich. Die Landschaft wirkt vegetarisch, Geschmack von Birchen-Benner, Lebensreform: tief einatmen, Turnübungen auf Gesundheitspantinen. Alte Männer mit Spitzbart und Knotenstock stapfen durch die Wildnis. Sie sehen halb wie Gartenzwerge, halb wie Gesundheitsapostel aus. Sicher essen sie nur noch Hirse und trinken Buttermilch?

Und hier oben fand ich nun das, woran ich so gar nicht gedacht hatte, das mir ganz entfallen war unter all den friedlichen, demokratischen Schweden. Ich traf auf das, was einmal die Welt bewegte und zerbrach, Europa, Deutschland, Berlin, auch mich ein bißchen. Ich traf die nordische Seele, den Geist der Germanen, das Licht des Ariertums, wohin wir doch alle strebten – wenn ich mich recht erinnere? Das war doch einmal unser Ziel, unsere Hoffnung, das flackernde Nordlicht der deutschen Seele, weshalb wir die vielen Millionen umbringen mußten: die waren doch nicht arisch.

Also, ich traf Odin, den rüstigen Wanderer, auch Wotan genannt, den Gott der Winde, den Herrn der Schlachten und Totengott, mit seiner treusorgenden Gattin Frija. Sie waren von vielen Walküren umgeben. Sie schleuderten böse Blicke auf mich, weil ich rauchte: Zigarren. Ich traf auch den Loki und Baldur: alles blaue Augen, blonde Haare, schöne Rasse, nette Jungens. Ich sah den Greif, die Runen und das Hakenkreuz und all die Thingstätten: es war ein Hauch von Karinhall. Schon in Gamla Uppsala hatte ich Met aus Stierhörnern schlürfen dürfen, echt germanisch, und hier gab es jetzt auch Kirchen, die aussahen wie von Alfred Rosenberg, nein, wie von Albert Speer erbaut: Das Kreuz ist weg, und alle beten einen großen grünen Baum an, der zur Sonne strebt. Licht fällt ein aus dem hohen Giebelhaus. Es war auch etwas Jugendstil dabei in Lappland, beinah wie in Darmstadt.

Und alle Gasthäuser sind gut germanisch: kleine Königshallen, rechtwinklig und wehrhaft. Es stehen immer ein paar Lanzen und Hellebarden in der Ecke zum Schutz der Recken. Und dann dieses kernige, solide Material: das Holz, das in allen Fugen kracht, die Eisenbeschläge, die schönen Stoffe, von nordischer Frauenhand züchtig gesponnen, gewebt am heimischen Herd. O schönes Kunstgewerbe: Nazizeit.

Natürlich ist das nur meine Interpretation. Ich weiß,

ich weiß. Andere Völker mit anderer Vergangenheit werden das gar nicht sehen. Für die Schweden ist das einfach ihr hoher Norden: sehr einsam, sehr wichtig wegen der großen Erzlager, ein Ruhrgebiet des Nordens. Es quietschen viele Loren. Nur für mich ist das so, komisch. Nun hast du endlich einmal das Erlebnis der Fremde, nun bist du ganz anderswo, anderswo ist es doch immer anders, und was findest du? Himmlers, Rosenbergs, Görings Traum: die nordische Seele, das Ariertum, ein metaphisches Rechteck, sozusagen. Die sind zwar nie hier oben gewesen, die kamen aus Österreich, aus Bayern, aus allerlei dunklen Hofbräuhäusern und hetzten die Deutschen in dieses ferne Nordlicht hinein. Das hat uns doch einmal beflügelt. Das war doch das Schöne am Dritten Reich: die Hoffnung, die man heute so ganz vergißt. Nur gut, daß sie hier nie gewesen sind. Die Lappländer zum Beispiel, auch Samen genannt, hätten sie ausrotten müssen, des Blutes wegen. Die Lappen sehen ziemlich undeutsch aus, ein bißchen Eskimo, ein bißchen wie Indianer.

Der linke Balkon

Noch eine Legende, die sich über Schweden so zäh erhält. Sie heißt Sozialismus. Ein drittes Mißverständnis? Wenn du nach Schweden fährst, so hieß es, so triffst du auf einen demokratischen, einen westlichen Sozialismus, so etwa, wie ihn Dubcek wollte, ungefähr so, hieß es zu Hause. Ich will gleich erwidern: ich habe das nirgends gefunden. Wo denn? Ich habe es auch nicht erwartet, auch nicht nach vierzig Jahren Sozialdemokratie. Ich sage das ohne Tadel, ohne Lob. Ich bin gar nicht sicher, ob Sozialismus wirklich die einzige Glückspolice der Menschheit ist, wie das die Sowjets meinen. Ich meine nur, man sollte die Begriffe sauber, etwas reinlich halten. Sozialismus, wie er sich in unserem Jahrhundert in der Welt durchgesetzt hat, ist ohne die Überführung der Produktionsmittel in Gemeineigentum, ohne die Aufhebung des Privatkapitals und seines Profitmotives nicht denkbar. Sozialismus ist die Selbstverwaltung der Produzenten. Davon kann hier nicht die Rede sein. Ich trage jetzt einige Zahlen vor, die Besitzverhältnisse betreffend. In Privatbesitz sind: Landwirtschaftlicher Boden 93%, Holzindustrie 95%, Stahlindustrie 93%, Metallverarbeitung 98%, Schiffahrt 99%, Banken 93%. Die Elektrizität ist zu 58% privat. Eine Ausnahme machen nur die Erzgruben: sie sind zu 75% in öffentlicher Hand.

Man hat also die Eigentumsverhältnisse an den Produktionsmitteln bestehen lassen. Das Profitmotiv der kapitalistischen Wirtschaft bestimmt noch immer die Dynamik der Gesellschaft. Man hat aber über diese kapitalistische Milchkuh ein ganzes Netzwerk sozialer Reformgesetze geworfen, die die krassen Widersprüche der kapitalistischen Umverteilung des Volksvermögens mildern, neutralisieren, abfangen. Ich möchte es einen gezügelten, einen gebändigten Kapitalismus nennen. Man hat dem Raubtier einige Zähne gezogen, einige Krallen gekappt. Die Privatinitiative besteht weiter, aber gedämpft. Mit Geld kann man weiterhin alles machen, nur die Gewinne werden durch ein kompliziertes und rabiates Steuersystem kräftig weggeschnitten. Tatsächlich steigt die Steuerschraube schon bei mittleren Einkommen beträchtlich und erreicht sehr schnell 80 % des Einkommens, die abzuführen sind. Es gibt die Sozialmedizin, die Volksrente, die hochentwickelte Bildungspolitik aus solchen Steuergewinnen. Aber das Universitätsstudium muß man selber bezahlen. Schwedens Löhne sind die höchsten Europas, aber in den Erzgruben Kirunas wurde zugleich auch lange und erbittert gestreikt, weil den Arbeitern die Produktionsnormen zu scharf kalkuliert waren. Das Entwicklungsgefälle zwischen Süden und Norden, zwischen Stadt und Land fällt immer noch auf. In den Großstädten herrscht Wohnungsmangel. Die Mieten sind hoch. Sie streben alle der Gleichheit nach in Schweden, aber unter den Gleichen gibt es dann doch sehr erhebliche Unterschiede.

Dem Fremden fällt etwas anderes auf, worin sich diese Gesellschaft tatsächlich von den westlichen Demokratien unterscheidet. Der linke Protest ist hier nicht eine Sache der kleinen Gruppen, der Außenseiter, der radikalen Jugend, halb im Untergrund wie in Amerika, in der Bundesrepublik, in der Schweiz: er ist sozusagen eingearbeitet in das System, wird von den großen Organisationen mitbetrieben. Überall findet man wohlinformierte und hochdotierte Vietnam-Büros, Institute, die über die dritte Welt, über die Entwicklung in Kuba, in China, in Nordkorea Auskunft geben. Man ist immer willkommen und wird reich bedacht mit Broschüren, auch in deutscher Sprache. Wer zum Beispiel wissen will, was heute in Mosambique geschieht, gehe nach Stockholm. Er wird die informiertesten Experten finden, die in sehr respektablen Büros residieren. In Stockholm gibt es die Auffangstelle für Deserteure des amerikanischen Militärs. In Stockholm fand Sartres Vietnam-Tribunal statt, wenn auch nach einem Trouble. Peter Weiß erlebte hier seine Konversionen zum Sozialismus. In einem herrlichen Hochhaus der Innenstadt ist das Internationale Institut für Friedensforschung untergebracht, SIPRI genannt, das sich, genauer besehen, mit etwas sehr viel Konkreterem befaßt: es ist ein Institut zur Erforschung der Weltrüstung. Das alles hängt sehr tief mit den sozial-humanitären Traditionen des Landes zusammen. Sie verstehen sich nicht als Macht, sondern als Modell. Vermittlung, Ausgleich, Schiedsspruch, das ist ihre Rolle, die Eigenart ihrer Neutralität. Sie zwingen ihren Nachbarn nichts auf wie die Sowjets oder die Amerikaner. Sie sagen: seht doch auf uns. Wir sind das Modell. Wenn ihr eure Welt morgen zivilisiert und funktionstüchtig haben wollt, ungefähr so wie wir, werdet ihr sie einrichten müssen. Wir sind nur voraus. Wir sind der linke Balkon.

Tucholskys Grab

Man muß wissen: einen Ort Gripsholm gibt es nicht. Das ist nur der Name eines Schlosses am Mälarensee. Der Ort heißt Mariefred und liegt sechs Kilometer weg von der E 6, die nach Göteborg führt. Und da ich das alles nicht wußte, nicht genau, nicht wirklich präzise damals, ließ ich mich eben so treiben nach Gripsholm und stellte das Auto auf dem großen Parkplatz dort ab. Ich war überrascht über die vielen Touristenautos hier; der Platz war ganz voll mit Volvos. Ich dachte: siehst Du, ein Drei-Sterne-Ort im Baedecker. Hier wird er geehrt, im freien Schweden. Hunderte von Besuchern kommen täglich, den deutschen Schriftsteller, den mutigen Antifaschisten zu ehren. Das sind Demokraten: der linke Balkon. Es war aber ein Irrtum, ein Mißverständnis. Der Strom der Besucher wanderte zum Schloß, und ich meinte immer noch: natürlich, ganz richtig die Richtung. Irgendwo da im Schloß Gripsholm muß er liegen. Das geht ja authentisch aus seinem Roman-Titel hervor. Gelesen habe ich das Buch nie. Das muß ich zugeben. Ich habe mir den Unterhaltungsschriftsteller immer erspart. War es ein Fehler?

Ich kaufte mir also eine Eintrittskarte ins Schloß, dachte immer noch: jetzt wird es bestimmt gleich kommen, das ist doch sicher. Irgendwo in diesem riesigen Kastell wird nun eine Tucholsky-Abteilung kommen, ein kleines Museum, ein Gedächtniszimmer und irgendwo seine Grabplatte. O holder Wahn! So war es nicht. Es ging durch viele hohe Säle, es gab eine riesige Gemäldeausstellung der schwedischen Monarchie: Prinzen, Fürsten, Könige. Man kennt die typischen Posen der Herren: diese triumphierende Gebärde, die rechte Hand auf das Schwert gestützt, das eine Bein vorgestreckt, den Fuß auf dem erlegten Elch. Man glaubt gar nicht, wieviele Fürsten und Potentaten diese Schweden gehabt haben. Viel zu viel, schien es mir. Und alle Schweden bewunderten ihre Majestäten, ihren Schlafrock, ihre Spiegel, ihre Stühle, ihre königlichen Betten, die breiten. Es gibt ein monströses Paradebett da. Ich dachte, für Tucholsky und seine beiden Freundinnen wäre das gerade recht. Er soll doch die Leser damals mit so einer Dreiecksliebe schokkiert haben. Aber es ging nicht um ihn. Es war immer nur von Königen die Rede. So langsam begriff ich den Fehler, doch da war es schon beinah Abend.

Ach, war das schön, im Värdshus Gripsholm zu übernachten. Es war die Nacht nach dem Butterfly-Abend, von dem ich schon sprach. Ich hatte das hellblaue Licht und den Purpurmond von Gripsholm gesehen. Es war ein kleines, ein sehr diskretes und delikates Haus, herrlich altmodisch, nicht diese kolossalen Touristentresore, in denen man sich immer halb kollektiviert, halb vereinsamt fühlt. Das Haus war verspielt, leicht rokokohaft. So kannte ich gar nicht die Schweden. Allerdings hatte ich dann wieder mit den Türen zu kämpfen. Das Värdshus Gripsholm hat die raffiniertesten Schließmechaniken, die ich je sah in Schweden: dreistufig. Schon wenn man die Zimmertür zufallen läßt, von außen, ist sie verschlossen durch eine dritte Verzahnung der Riegel. Ich war morgens nur einmal kurz im Bad nebenan gewesen und stand nun also, fast nackt und noch sehr verschlafen, vor meiner Zimmertür, die sich nicht mehr öffnen ließ. Doch lassen wir das. Ich bin wieder hineingekommen, nach einer knappen halben Stunde.

Tucholskys Grab? Ich fragte am nächsten Morgen einen Bewohner von Mariefred. Er sann lange nach, überlegte, grübelte, gab sich jenen Ruck, den sich alle Schweden geben, wenn sie mit anderen sprechen müssen, und sagte dann in dieser unendlichen Bemühtheit und Höflichkeit dieses Volkes: O yes, o sure? The grave of Tolstoi? I remember, a german poet, that may be, perhaps. Ich dachte: mein Lieber, die schwedischen Volkshochschulen haben an dir noch ein Werk zu tun. So großartig scheint das hier auch nicht mit der Volksbildung. Die Russen wären sicher informierter. Der Mann versank in Schweigen. Er lächelte dauernd.

Ich habe es aber schließlich gefunden, am Vormittag.

Man muß den Friedhof Mariefred aufsuchen, und dort, auf einem sehr schönen, stillen, grünen Platz, kein Schild weist darauf hin, dort rechts oben, wo der Friedhof beinah zu Ende ist, liegt es. Eine hohe, alte Eiche rauscht darüber. Vögel zwitschern in den Ästen. Es fällt etwas Sonne durch das dichte Grün. Eine Bank. Es ist still und andächtig hier. Man möchte die Eiche gern eine deutsche nennen, der Ironie wegen. Daran sägte er doch zeitlebens. Und liegt nun darunter – schwedisch. Eine lange, schlichte Marmorplatte, hellbraun, und drauf nur die Worte: Kurt Tucholsky 1890–1935. In der Mitte der Platte steht dann ein Sinnspruch, der offenbar deutschbezüglich, nachdenklich auf Letztes verweisend sein soll, goethebezüglich. Da steht doch tatsächlich in Marmor eingemeißelt: ›Alles Vergängliche ist nur ein Gleichnis.‹ So ein richtiger, dummer Witwenspruch, der sich mit Goethe hinwegmogeln will über die Leidenschaft dieses Lebens, das sich in der Zeit verbrannte. Für Tucholsky ist dieses Faustzitat ein übler Nachruf, will mir scheinen, eine schlampige Lüge. Alles Vergängliche war gar kein Gleichnis für ihn. Es war überhaupt nicht vergänglich, das Vergängliche, das war ja sein Schmerz. Es war ekelhaft aktuell und zählebig: die Richter, die Schlotbarone, die Herren der deutschen Verwaltung. Es ritt die deutsche Restauration so nach 1919. Sie saß wieder im Sattel. Das war sein Schmerz. Das hat ihn schließlich nach Schweden getrieben. Hier war er allein und war doch beinah in Berlin – an märkischen Seen, tagsüber. In diesem Land hat er sich umgebracht. Ein guter Ort am Ende: Schweden.

Ich legte Blumen auf diesen Grabstein. Ich legte sie so, daß der Spruch nun verdeckt war. Ich sagte: das streichen wir jetzt einmal durch. Ich korrigiere das. Wenigstens dafür bin ich in Schweden gewesen, um diesen Spruch wegzuwischen. Ich dachte: warum eigentlich immer Sprüche zum Schluß? Was gibt es denn da zu verklären – am Ende?

Straßburger Retrospektive

Jetzt kommt ein großer Sprung. Ich bin wieder oben, bin wieder aufgetaucht aus Tiefland, die Erde, Hochland hat mich wieder. Es hat mich heute ganz plötzlich nach Straßburg verschlagen, ein purer Zufall, nur für ein paar Stunden. Und wie es manchmal im Leben ist: bei Freundschaften, bei Liebschaften, nach einer Ehe: hinterher, wenn man rechtskräftig geschieden ist, hinterher sieht man erst ganz, was war, was man hatte. Man sieht plötzlich die ganze Affäre von außen, viel schärfer als aus der Nähe. Es gibt nur einen Zeugen, der glaubwürdig ist für mich. Der heißt Erinnerung. Man müßte sich an alles erinnern können. Es wäre beinah die Wahrheit.

Ich will nur sagen: in dieser Straßburger Stunde, in diesem Restaurant Dauphine beim Münsterplatz, begriff ich plötzlich die Reise, rückblickend, als Erinnerung. Schwedens Bild stieg noch einmal auf, und Bilder, das weiß man, brauchen manchmal Rahmen. Der Rahmen war das Elsaß. Ich sah alles mit schwedischen Augen plötzlich, ich sah das Elsaß, es lag strahlend auf allen Gesichtern, Straßburg leuchtete, und ich sagte nur immer staunend: Nun sieh dir das an, wie anders die Leute hier sind. Beobachte bitte die Menschen am Tresen, da, die die Speisen, die Weine richten. Nimm ihre Bewegungen, ihre Handgriffe wahr: was die für Freude haben an jeder Herrichtung. Wie die Garçon die Platten putzt, wie der Wirt den Wein einschenkt, – mit wieviel Vergnügen und amüsierter Heiterkeit sie arbeiten. Da drüben der Kellner, der jetzt das Stückchen Languste serviert. Er dient und spielt zugleich sehr ironisch den Diener. Wie doch der Mensch am Menschen Lust haben kann. Ich hatte das ganz vergessen. In Schweden war alles so ernst und tief, so tief lustlos, immer etwas gequält die Menschen, dabei sehr freundlich. Man sah aber nur wenige, ich war viel allein. Man war immer von Maschinen umgeben. Hier im ›Dauphine‹, als wir hereinkamen vorhin, wollte ich gleich nach links an den Tresen, ich wollte mir das Tablett greifen und mich dann so langsam in der Schlange schweigend voranschieben. Man ist schon so eintrainiert in diese lustlosen Riten der Selbstbedienung, diese gräßliche Mechanisierung: alles vorfabriziert, alles in Tüten, in Blech, in Kunststoffhüllen. Dieses ewige Aufreißen von Zellophan: Kuchen, Schinken, Käse, Zucker, Milch, alles immer in diesen gräßlichen Tüten, wie bei einer Fluggesellschaft. Es ist einfach alles vorfabriziert dort, nicht nur die Häuser. Ich weiß, daß ich einmal die Wut bekam, richtig böse wurde. Es war in Sigtuna in diesem sehr schönen Hotel beim Frühstück. Ich stand in der Schlange, wie sich das so gehört, hatte den Kaffee mir aus der großen Volkskanne eingegossen, suchte die Milch, die es nicht gab. Es war keine Milch da, und ich fragte den Wirt, der nur mit einem kleinen Finger schweigend auf diesen Teller mit Zellophantütchen wies: winzige Abpackungen von Trockenmilch. Ich weiß, daß ich da für einen Augenblick richtig wütend wurde und sagte: Das ist doch wirklich unglaublich hier in diesem Naturpark. Seit drei Wochen muß ich mir jeden Morgen Trokkenmilch in den Kaffee schütten. Das ist ja wie im Krieg hier. Muß denn Wohlstand so in Armseligkeit umschlagen?

Ach, es war wohl nur eine kybernetische Depression, das Ganze? Weißt du, wenn ich jetzt an Schweden zurückdenke, jetzt hier in Straßburg, so sehe ich lauter Bilder: die von Munch. Das war zwar ein Norweger, aber ich behaupte, er hat die Schweden sehr treffend gemalt, vielleicht ist ganz Skandinavien so? Du kennst doch diese strömenden, fließenden Bilder von Munch: Weltangst und unbewältigte Triebdynamik. Die Frauen hokken wie große Mumien da. Sie haben Angstgesichter, sie halten sich die Ohren zu, und um sie herum fließt der Kosmos, endlos, formlos. Der Norden ist ewiges Fließen. Wir haben ganz falsche Vorstellungen: die Schweden sind eigentlich ein reines Naturvolk, Holzfäller, Bauern, Fischer. Sie haben durch viele Jahrhunderte unverändert an ihren Seen, diesen Wäldern gehockt, und erst seit zwei Generationen haben sie plötzlich begriffen, daß das vorbei ist. Es sind ja unheimlich viel junge Schweden ausgewandert, so kurz vor dem ersten Weltkrieg, nach Amerika, weil das Land so hoffnungslos, so unterentwickelt war. Die Schweden haben ihre Verspätung begriffen. Sie haben plötzlich in diesem Anfall von Industrialisierung alles rasend schnell nachgeholt und übertreiben das Neue natürlich. Sie haben sich einen glitzernden Panzer umgeworfen: die Zivilisation, die von morgen. Aber darunter nistet doch noch die alte Schwermut, die Angst.

Der Kellner kam an den Tisch. Er brachte einen Pernod, als Aperitif sozusagen. Es wurde nicht in Büchern, in schwarzen Listen nachgeschlagen, ob ich das scharfe Zeug trinken dürfe. Ich mußte auch später nicht Milch zum Karpfen trinken wie damals in Gränna am Vätternsee. Es gab guten Wein, ziemlich billig. Und ich dachte, diesen Traminer zum erstenmal wieder schmeckend auf der Zunge: man sollte sich nicht irritieren lassen durch so viel Zivilisation. Die technische Revolution wird die der Gesellschaft nie ersetzen können. Haben sie sich nicht um alle Probleme gedrückt – die Schweden? Im Grunde leben sie doch noch vor Marx und vor Freud in ganz alten Bindungen. Es gibt noch nicht einmal ein Einwohnermeldeamt in Schweden. Wenn einer zuzieht, muß er sich im Kirchenbuch registrieren lassen – das ist ihre wahre Lage.

Aber das Klima, dachte ich später; dieses Wetter. Aber der Regen, die Dunkelheit, die lange Nacht, der endlose Winter, – das hat auch seine Hand im Spiel. Ich fürchte, das wird man auch mit Marxismus und Psychoanalyse nicht wegkriegen. Ich dachte: ein dunkler Fall, der Norden.

Auf der Suche nach Overlord

Aufzeichnungen
aus der Normandie

In das Loch fallen

Ich weiß nicht, wie es kam. Es kam einfach so. Ich bin den ganzen Tag durch Frankreich gefahren – wie verrückt. Es ist eigentlich nicht meine Art zu rasen. Ich wollte nur bis Paris; von Straßburg nach Paris, das ist eine gute Tour. Aber dann war ich nachmittags um drei schon in Paris; das ist zu früh, um abzubrechen. Ich sah plötzlich den Eiffelturm links, und ein junger Mann rief mir vor einer Rotampel gellend ins Fenster: »Oui, oui, Monsieur: Porte Maillot, tout droit«, und war schon weg. Ich verlor die Richtung und fand mich dann später auf dieser großen Umgehungsstraße. Ich las ›Autoroute du Sud‹ und wußte: das ist falsch. Hier kommt man ja nach Lyon und in die Provence. Du mußt in den Norden.

Ach, Paris. Es ist für den Fremden, den Autofahrer, der durch will, so etwas wie die Hölle, ein riesiger, böser Tintenfisch, der einen mit vielen langen Fangarmen, die Route Nationale heißen, hereinlockt, ansaugt und dann betäubt, verschlingt und gefangenhält in seinem schwarzen Magen. Sie fahren so unverschämt schnell in Paris. Intelligent, bösartig und schnell ziehen die glänzenden Citroëns und Peugeots und Renaults an einem vorbei, hupen manchmal etwas verächtlich. Im

Rückspiegel sieht man gewaltige Lastzüge blinken. Sie scheren aus, wollen auch überholen. Es donnern die kolossalen Elefanten der Landstraße an einem vorbei, lassen Giftwolken ab, werfen Wärme ins Fenster.

Ich drehte, ich kreiste, ich kurvte irgendwo in Paris. Ich kam nicht mehr heraus aus diesem Ungeheuer. Ein Gefühl von Sinnlosigkeit überfiel mich. Ich hatte einfach genug von Paris. Der Kühler ging schon auf hundert, die Kupplung griff manchmal nicht richtig, der Wagen wirkte schlapp und wacklig und zockelte eigentlich nur noch vor sich hin, und ich mußte an das böse Pamphlet von Butor denken, das ich gestern Abend noch im Straßburger Hotel gelesen hatte: ›Ich hasse Paris‹, eine Liebeserklärung besonderer Art. Ich dachte: natürlich muß man Paris hassen. Es ist die Hölle.

Frankreich: dieser Umschlag immer von Chaos in höchste Rationalität. Ein wütender Individualismus kippt plötzlich um in schöne Vernunft. Die Autobahn nach Rouen ist reines Vergnügen: Entschädigung draußen, beinah zu spät. Sie ist leer, modern, sechsbahnig, an Steigungen manchmal achtbahnig angelegt. Jetzt kann man wieder fahren, richtig losziehen, und aus dem heißen, klapprigen Zockelauto wird hier draußen wieder ein Ding, das läuft. Die Seine begleitet. Es sickert Norden ein. Ein Himmel, der manchmal zartblau, dann grausilbrig wird, manchmal zerreißt in unförmige Wolkenballungen. Es muß stürmisch sein. Manchmal setzt der Fahrtwind den Wagen etwas zur Seite. Wenn man die Hand aus dem Dach hält, schlägt einem eine kalte, wütende Sturmwand entgegen, schwer wie Wasser. Also fahr etwas langsamer. An der Küste ist sicher Sturm.

Ich will nur sagen: ich war plötzlich in Caen. Es war

erst gegen fünf, und ich dachte wieder: na, ein bißchen kannst du noch weiterfahren. An einer Kreuzung in Caen sah ich ein kleines Schild, auf dem Arromanches stand. So ein winziges, nebensächliches Schild, mehr für Einheimische, aber das Wort Arromanches löste in mir etwas aus: Erinnerungen. Das hat es doch einmal gegeben? Ich bog also ab von der Route Nationale Nr. 13, die breitbahnig und schnell nach Cherbourg führt, und nahm die winzige D 22, so mehr auf eine Vermutung hin. Arromanches ist ein schönes Wort. Es fiel mir ein, daß ich einmal einen Roman gelesen hatte. Da hieß ein Kapitel: ›Die Rosen von Arromanches‹.

Jetzt also das andere Frankreich; die Normandie, mehr noch: Calvados. Große Entspannung. Man rollt plötzlich ganz langsam und herrlich allein durch eine grüne Teppichlandschaft, die flach ist, sich aber auch manchmal hebt in flachen Hügeln. Überall grüne, mannshohe Hecken, die fette und saftige Wiesen einrahmen: hedges und meadows, eine Landschaft der grünen Quadrate: sehr englisch. Und nirgends Wald. Auf den Wiesen liegen weiß-braune Kühe. Manchmal steht ein Esel dazwischen. Er holt plötzlich zu einem markerschütternden Schrei aus. Es ist wie ein kolossales Luftholen der Kreatur, die seufzt. Nannten wir das nicht früher: aufs Land fahren, Erholung, die Sommerfrische? Es tauchen die strohigen und flachsblonden Haarschöpfe der Jugend auf, Burschen mit runden und rötlichen Gesichtern, manche mit Stupsnasen und Sommersprossen im Gesicht. Das wollen Franzosen sein? Überall Grenzlinien, Hekken, Mauern, eine abgezirkelte, konservative Landschaft: ein klares Mein und Dein. Die Burschen dösen vor Toreinfahrten, hocken auf Mauern, lassen die Beine baumeln. Dahinter der Umriß von breiten, vornehmen Gehöften, fast Herrenhäusern. Das sollen Bauernhäuser sein? Sie wirken von weitem wie Schlösser. Ja, was ist die Normandie? So eine kräftige Mischung aus Camembert, Calvados und viel Krieg dazwischen. Das sagte ich einmal in Deutschland. Ist sie das?

Ja, und dann war ich plötzlich da. Ich war verblüfft, auch etwas erschreckt. Ich fiel wie ein Stein vom Himmel haargenau in das Loch, das ich suchte, das Loch der Geschichte, der Vergangenheit, das Loch meiner Erinnerung, meiner Jugend, das ich schon immer ausfüllen wollte – endlich. Ich war um neun Uhr in Straßburg losgefahren, mit nichts als einer Vermutung, und als es kurz vor sechs war, sah ich das Meer, von einer letzten Anhöhe kommend, fern und weit und ziemlich grau vor mir liegen. Es ist nicht zu fassen: tatsächlich, Port Winston, Zeit kehrt zurück; da liegt noch diese gewaltige Flotte der Invasion – oder täusche ich mich?

Im ersten Augenblick ist es verwirrend: da liegt auf eine Breite von zwölf Kilometern im Meer eine Flotte von mächtigen, schwarzen Kästen, die einen Halbkreis bilden. Das war der künstliche Hafen, den sie damals mitbrachten. Schiffsleiber, unten offen, mit Zement gefüllt, so lange mit Zement beschwert, bis sie standen, zum ersten Anlegen der Schiffe.

Arromanches, Platz der Befreiung. Jetzt also rein. Fahnen, Fahnen, überall hier am Strand ein Gewoge von Fahnen: amerikanisch, englisch, französisch, belgisch. Der Strand flattert in fröhlichen Farben. Auto abschließen, seine Sachen nehmen, die ersten Schritte, müde und lahm, auf der Straße. Man humpelt noch etwas und ist plötzlich in Lourdes oder Oberammergau, wo Busse stehen, Menschen sich stauen. Eine endlose Woge von Menschen treibt dauernd hin und her. Touristengewimmel, frohes Feriengewimmel, wo Kinder schreien und nach ihren Müttern suchen. Es schiebt sich die bunte Menge an Schaufenstern vorbei. Tatsächlich, hier wird die Invasion verkauft. Hinter den Schaufenstern Bücher, Bilder, Landkarten, das Gesicht eines Generals. Oder ist das nur ein Oberst? Alles wird hier in kleinen blinkenden Souveniers geboten: ich sehe zum erstenmal Handgranaten in blitzendem Blech, jetzt als Feuerzeuge zu erwerben. Ich sehe die flachen Stahlhelme der Briten. Sind das jetzt Suppenteller? Panzer und Flugzeuge werden feilgeboten als Briefbeschwerer. Fallschirmjäger und Infanteristen sind käuflich; sie sehen aus wie Gartenzwerge.

Ich lasse mich von der Menge treiben. Ich bin müde, und etwas betäubt und lasse mich also treiben. Es treibt alles einem flachen, quadratischen Bau am Meer zu, manchmal stockt es, aber dann schiebt man weiter, und plötzlich bin ich mit den anderen in einer halbdunklen, festlichen Halle. Wie kam das nur? Jemand verlangt drei Francs von mir. Ich zahle, und schon schlägt ein ohrenbetäubender Lärm über mir zusammen. Aus vielen Lautsprechern dröhnen die Stimmen der großen Erinnerung. Hier finden Führungen statt, in Französisch und Englisch. Aus einem Kinoraum, der halb offen ist, schlägt mir das Gebell des Krieges entgegen. Flakfeuer kämpft gegen das Gedröhn von Schiffsartillerie. Ein Museumsdiener spielt an Knöpfen: da hinten fallen tatsächlich winzige Fallschirmjäger vom Himmel. Wie machen sie das nur?

Ich bin todmüde, überreizt und erschöpft nach so langer Fahrt. Ich habe fast siebenhundert Kilometer hinter mir und hatte mir so massiv die Einkehr in die Vergangenheit nun auch wieder nicht vorgestellt. Ich drehe mich um, will gehen, will versuchen, wieder ein Einzelner, ein Einzelgänger zu werden und sehe plötzlich wieder Deutsche vor mir, deutsche Soldaten, deutsche Uniformen, deutsche Menschen – ausgestopft. Es ist fast wie im Wachsfigurenkabinett. Ein älterer Herr erklärt seinem Schülerkreis: Das hier sind die Deutschen, les Allemands, ›les Nazis‹ gewesen. Die Schüler blicken mit großen Augen. Ich sehe vier gut präparierte Deutsche in Uniform. Sie sehen sauber, markant, eigentlich nicht zum Fürchten aus; ihr starrer Blick erinnert an Schaufensterpuppen. Ein Leutnant der Luftwaffe, blau und adrett, ein Gefreiter des Heeres, etwas schäbig, ein Fallschirmjäger, verwegen, und eine Nachrichtenhelferin, breithüftig. Nannten wir das nicht früher Blitzmädchen? Ich versuche mich gegen den Strom herauszukämpfen. Ich bin kaum da und bin es schon leid. Ich bin todmüde und schon enttäuscht und denke: das wird eine böse Reise in die Vergangenheit werden. Warum machst du nur immer solche Geschichten?

Die Stimme aus London

Das Hotel ›Oasis‹ liegt auswärts. Kreidefelsen, normannische Steilküste beginnt. So eine richtige englische Ritterburg, ein schmales, spitzes Fachwerkhaus, in dem es innen enge, steile Holztreppen gibt, höher, immer höher, noch eine Treppe, die knarrt. In solchen uralten Häusern der Normandie erwartet man immer etwas. Das Ungeheuere ist hier zu Hause, das Wohnen läßt Abenteuer vermuten. Einsamkeit umgibt sie. Diesiges Licht umgibt sie. Nebelschwaden ziehen. Das Meer brandet gegen den Felssockel, auf dem das Haus hoch und stolz und einsam steht, wie eine düstere Fackel. Spukhäuser. Hier müßten eigentlich Kriminalgeschichten geschehen: Mord und schöne Verwesung in Kellern, sehr tief. Agatha-Christie-Geschichten. Es ist beinah Mitternacht: also Spukgeschichten.

Die Treppe knarrte mir so verdächtig, als mich der Garçon nach oben brachte. Ich fühlte mich fremd, unwillkommen. Sie hatten mich alle sehr kühl, fast gleichgültig gemustert und ließen mich dann lange stehen. Drei Häuser hatten mich schon abgewiesen. Ich war etwas ratlos und verschüchtert unter all den Franzosen und Engländern gewesen und versuchte, dem Jungen, durch ein kräftiges Trinkgeld schön bestochen, zu erklären, wieso so etwas möglich sei, daß da plötzlich ein Deutscher nach Arromanches kommt und sich mutterseelenallein einmietet an der Küste. Das hat es wohl hier noch nie gegeben? Deutsch-französische Verständigung, das reicht nicht bis an die Küste. Tatsächlich war mir schon auf dem Autoparkplatz aufgefallen, daß kein einziger deutscher Wagen da stand: alles Engländer, Franzosen, ein paar Amerikaner, auch einen Kanadier hatte ich entdeckt. Ich stotterte, daß ich ein Journalist sei, ein Journalist allemand, der hierher gekommen sei, um etwas über die Invasion zu schreiben. Das Wort Invasion schien er nicht zu verstehen; er zuckte etwas schnippisch mit den Schultern. Es war von mir ganz eindeutig eine Art von Entschuldigung, ein Versuch zu sagen: ich, bitte, bin doch keiner von euren ausgestopften Deutschen drüben im Museum, ich bin doch von heute, aus Germany, auch so ein Demokrat, der gekommen ist, um eure Befreiung zu sehen, zu erfahren, wie das war damals: euer Augenblick der Freiheit. Mein Gott, nun sieh mich doch nicht immer so mißtrauisch und etwas schnippisch an. Ich bin doch kein Nazi gewesen. Hört das hier niemals auf?

Also, lassen wir das. So geht das nicht. Ich bin in die Vergangenheit zurückgekommen, um alles noch einmal zu rekapitulieren: die Invasion. Wie war das genau? Man müßte das Ganze noch einmal rekonstruieren. Irgendwie hängst du da drinnen, aber man weiß nicht recht wie. Komisch, was treibt dich eigentlich auf die Schlachtfelder zurück? Du warst schon in Rußland, du warst in Warschau und Auschwitz und auch im zerstörten Berlin. Ob es die Niederlagen sind, die dich anziehen? Sicher ist: auf siegreiche Schlachtfelder würdest du niemals gehen. Das ist sicher. Gibt es so etwas wie einen Triumph des Verlierens?

Es ist jetzt Mitternacht. Geisterstunde. Aber es kommen keine Geister zurück, noch nicht. Ich liege in diesem schweren, breiten Bett, das man bei uns französisch nennt. Man nennt es französisch mit einem Grinsen, nur weil es die Maße vernünftiger und menschenfreundlicher Entspannung kennt. Die Laken sind etwas klamm und werfen scharfe Falten. Der Wind reißt am Giebelhaus, fährt in kurzen, singenden Böen über das Dach. Von draußen hört man das Meer gegen die Felsen schlagen. Es muß wohl jetzt Flut sein? Zum erstenmal fühle ich diesen leichten Salzgeschmack auf den Lippen, auf der Zunge; dieses Salz, das schwer und müde macht am Abend, aber auch lebendig und frisch des Morgens. Ein gutes Gewürz für's Leben. Man schläft hier tief, und wenn man wach ist tagsüber, ist man sehr wach. Ich habe mein Kofferradio eingestellt und gleite so über die Skala: überall England. Man vergißt immer wieder, wie nah das hier ist, viel näher als Paris. Und dann höre ich, beinah schon einschlafend, etwas – mein Gott, das kennst du doch? Ich höre diesen leisen, eindringlichen Paukenschlag; er kommt wie aus tiefer Erinnerung: wum wum wum wum – wum wum wum wum, die ersten Takte von Beethovens 5. Symphonie. So klopft das Schicksal an die Tür. Wer kennt das nicht aus dem Krieg? Und dann setzt dieser dunkle, schwere Glockenschlag von Big Ben ein: zwölf lange, feierliche Schläge. Das gibt es hier immer noch? Die Stimme sagt: »Hier ist London mit seinem deutschen Dienst. Wir bringen Nachrichten – für Ostdeutschland«.

Nachhilfestunden

Nein, ich werde das Ganze nicht rekonstruieren können; dessen bin ich inzwischen sicher. Ich habe mich etwas umgesehen im Gelände. Ich werde diese gewaltigste Landeaktion der Geschichte nicht nacherzählen. Ich bin kein Kriegshistoriker und habe auch keinen Sinn für das Gigantische, das Monströse solcher Aktionen. In ihrer präzisen Planung und dreijährigen Vorbereitung, in der Perfektion ihres Ablaufs erinnert die Invasion heute fast an die Mondlandung der Amerikaner. Am 12. Februar

1944 erreichte Eisenhower der Befehl: »Sie werden hiermit zum Obersten Befehlshaber der alliierten Streitkräfte zur Befreiung Europas von der deutschen Herrschaft ernannt. – Sie werden auf dem Kontinent landen und in Gemeinschaft mit den Vereinigten Nationen Operationen unternehmen mit dem Ziel, in das Innere Deutschlands vorzustoßen und die deutsche Kriegsmacht zu vernichten. – Unser Ziel ist die Wiedereinsetzung der rechtmäßigen Regierungen in den befreiten Ländern und die Verwaltung des feindlichen Gebiets. Entsprechende Instruktionen werden Ihnen später erteilt werden.«

Nein, ich werde auch nicht die Fragen erörtern, die alle Invasionsexperten immer so erregt: die Frage, warum eigentlich das Deutsche Oberkommando so uninformiert und ratlos war im Augenblick der Landung, warum zum Beispiel der Generalfeldmarschall von Rundstedt ausgerechnet in dieser Nacht zu einem lächerlichen Planspiel in die Bretagne gefahren war, warum Rommel zur gleichen Zeit für ein paar Urlaubstage nach Hause ins schwäbische Herrlingen gefahren war, und schließlich: warum Hitler am Morgen der Invasion, als sie schon in dröhnendem Gange war, nicht geweckt werden durfte, weil sein Schlaf heilig und unantastbar war für die Nation. Wahrscheinlich wäre alles viel besser verlaufen, wenn Hitler nicht so ein Langschläfer gewesen wäre, meinen heute manche Experten. Krieg hat ja immer so etwas Komisches, hinterher. Kriege müssen immer untadelig und kraftvoll geführt werden von beiden Seiten, sonst waren es einfach keine guten und schönen Kriege. Helden brauchen eben immer Helden als Gegenspieler. Wo bliebe sonst ihr Ruhm? Nein, ich beklage das alles nicht, auch nicht, daß die deutschen Panzerreserven im Raum Paris von Hitler später nicht rechtzeitig freigegeben wurden. Ich sage: Gott sei Dank. Gott sei Dank, daß die Tüchtigkeit Großdeutschlands hier zum erstenmal versagte. Gott sei Dank, daß das Tier besiegt wurde. Gott sei Dank.

Ich will mich lieber an Kleinigkeiten halten: Fetzen, Reste, Erinnerungen und was so herumliegt am Wege, und was so zu sehen ist – in Glasvitrinen. Die Sprache zum Beispiel gibt erste Hinweise. Ich habe inzwischen gelernt, daß es das Wort Invasion im Französischen gar nicht gibt. Das Ereignis heißt Le Débarquement: die Ausschiffung, die Ausladung, die Landung. Das war es genau. Es ist ein feiner, aber zentraler Unterschied der Sprachen, der Entscheidendes signalisiert: wer von Invasion spricht, spricht von einem aggressiven, eindringenden, einem feindlichen Akt. Es ist ein Wort aus Berlin, das hängen blieb, im Grunde ein faschistisches Wort, noch heute. Für die Franzosen aber war es einfach die Ausschiffung, die Landung, obwohl sie am Ort und zunächst zur Zerstörung, nur Schrecken und Tod brachte: Le Débarquement.

Dann die Fülle der Anglizismen, die hier am Strand liegen blieben wie diese Schiffsreste, Strandgut des Krieges. – Wer weiß eigentlich davon in Deutschland? Von der Ornemündung bei Bellavista bis hoch in den Nordwesten, etwa bis Quinéville an der östlichen Cotentin-Küste zieht sich die Landungsfront, noch heute mit den Code-Worten, den Decknamen der Operation von damals bezeichnet. Englisch getauft, die Küste Frankreichs. Die ganze Landeoperation lief unter dem Decknamen ›Overlord‹. Die Operation Overlord erfolgte vom Meer her in fünf Stoßkeilen, die noch heute den Küstenstreifen die Namen geben. Jede Strandfläche wurde von einer Division besetzt. Der wichtigste Landekopf war der amerikanische links außen: die Gegend zwischen Quinéville und der Vire-Mündung heißt heute Utah-Beach, daran schließt sich etwa bis Port-en-Bessin Ohama Beach an. Auf der Höhe von Arromanches heißt die Küste heute Gold, das Codewort für die britischen Infanterie-Einheiten. Daran schließt sich in östlicher Richtung Juno an, das Deckwort für die kanadischen und englischen Panzereinheiten. Rechts außen schließlich, also ganz östlich, wurden auch die englischen Panzereinheiten gelandet: das heißt heute Sword. Also merk dir die Namen, sie sind wichtig hier: Sword, Juno, Gold, Omaha, Utah. Angloamerikanisch getauft die Küste Frankreichs: de Gaulle hat es nicht verhindern können.

Merkwürdig, wie sich heute die Strände unterscheiden, ganz national. Die englischen Landeplätze bieten dem Auge nicht viel. Etwas spröde und sehr flach liegen die Orte schon wieder im Schlaf der Provinz. Sie sind langweilig. Nur ein paar Denkmale, einige Fahnen und Hinweisschilder erinnern. Arromanches hat alles eifersüchtig an sich gezogen. Kommt man aber an die amerikanischen Strände, so ist große Erinnerung schön präpariert: Show-Effekte. Auch ist die Landschaft hier oben phantastischer, wilder, zerrissener. Ein Hauch von Bretagne kündigt sich an. Da haben sie doch tatsächlich in Utah-Beach direkt an der Stelle, wo sie zum erstenmal das Land betraten, am Meer einen schönen lackierten Feldstein hinterlassen, der deutlich nach Berlin weist. Darauf die Schrift: Route National Nr. 13. Liberty Way. Kilometerstand: 00. Wie auf einem Tachometer.

Nachhilfestunden in Sprachrelikten – darf ich auch noch auf den anmutigen und schönen Umstand hinweisen, daß diese gewaltigste Schlacht Westeuropas durch Poesie angesagt wurde? BBC, das die französische Widerstandsbewegung laufend mit chiffrierten Anweisungen versah, das zum Beispiel nach seinem Nachrichtendienst in französischer Sprache manchmal sagte: Der Trojanische Krieg findet nicht statt. Melasse wird heute Cognac spucken, Pierre hat gerade Ziegenpeter und Gelbsucht gehabt – BBC hatte der französischen Widerstandsbewegung zugesichert, daß das Datum der Invasion, also der D-day, durch das ›Herbstlied‹ von Verlaine signalisiert werde. Es war ausgemacht, und auch der deutsche Abwehrchef Canaris wußte das, daß die erste Zeile des ›Herbstliedes‹ am ersten Tag des Invasionsmonats so nebenher in den Nachrichtendienst eingestreut würde.

Und so geschah es, daß am 1. Juni nach dem 9-Uhr-Nachrichtendienst des Londoner Rundfunks die etwas merkwürdige poetische Durchsage kam: »Das lange Schluchzen herbstlicher Geigen.« Mehr nicht, nur das. Die Information wurde am 2. und 3. Juni abends wiederholt. Das war der Augenblick, wo Rommel nach Deutschland in Urlaub fuhr, und das Büro von Canaris hörte das, verstand und entschlüsselte es. Es war die sogenannte A-Botschaft, die für die Untergrundkämpfer hieß: jetzt müßt ihr jeden Nachrichtendienst abhören und auf die B-Botschaft warten. Wenn die zweite Verlaine-Zeile kommt, so heißt das: in 48 Stunden beginnt die Invasion. Die B-Botschaft heißt für euch: jetzt müßt ihr zuschlagen, Strandsperren zerstören, Eisenbahnschienen sprengen, Telefonkabel zerschneiden, alles wie seit langem geplant. Und so geschah es dann auch. Am

3. Juni – ja, am 3. Juni, nicht am 4., denn Eisenhower hatte den Landetermin in letzter Stunde noch einmal wegen schlechten Wetters um einen Tag verschoben, also am 3. Juni, also einen Tag zu früh, 22.15 Uhr, nachdem BBC in seinem Nachrichtendienst so merkwürdige Sätze durchgegeben hatte, wie: Es ist heiß in Suez – Die Würfel sind auf dem Tisch – Napoleons Hut ist in dem Ring – John liebt Mary – nach solchen Informationen für einzelne Widerstandsgruppen, sagte der Sprecher plötzlich: »Die mein Herz mit langweilender Mattigkeit verwunden.« Das hieß: wir kommen, übermorgen kommen wir. Schlagt zu – in dieser Nacht.

Ich frage nun also nicht, wenn das die wichtigsten Franzosen in Caen und Bayeux und Cherbourg verstanden, warum das nicht auch in Paris und auf dem Obersalzberg registriert wurde. Ich sage: Gott sei Dank. Es gibt wohl so etwas wie imperiale Verblendung und eine Hybris der Macht, die schwerhörig macht: Gott sei Dank. Ich frage nur: Wo gab es je ein Gedicht in der Literatur, das für Europa wichtiger und frohlockender war? ›Herbstlied‹ von Paul Verlaine: »Das lange Schluchzen herbstlicher Geigen / Die mein Herz mit langweilender Mattigkeit verwunden.« Ich frage mich auch: Ist das eigentlich gut übersetzt? Im Grunde klingt es ziemlich kitschig.

In die Geschichte eingehen

Das hier ist alter historischer Boden, ein Sumpfboden der Geschichte, satt von Vergangenheit. Ein Tanzboden für Könige, Bischöfe, Herzöge und andere Schlächter – abscheulich. Schon 56 vor Christus besiegten hier die Römer die ansässigen Kelten, so könnte man zum Beispiel beginnen, abscheulich. Dann die Christianisierung, so könnte man fortfahren, die Einfälle der Wikinger, dann 1066 das strahlende Datum der Normandie: Wilhelm der Eroberer besiegte England – die Invasion andersherum. Man könnte von Thomas Becket, dem Draufgänger, der Bischof wurde, erzählen, man kennt das von Eliot oder Anouilh. Dann wäre Richard Löwenherz dran und später dann, ab 1346, der Hundertjährige Krieg mit England, und fast am Ende dieses Krieges schließlich die Geschichte mit Johanna, dem Mädchen, in Rouen verbrannt. Auch das kennt man aus dem Theater. Alte und ehrwürdige Geschichten, die mich eigentlich kalt lassen. Sie sind abgesackt, weggerutscht, irgendwo unter der Erde verschwunden. Das gab es einmal, aber ist doch nicht mehr. Es ist doch nicht wahr, daß es uns bestimmt. Geschichte ist immer das Alte, Vergangene, das man auswendig lernen mußte. Sonst würde man es wieder vergessen. Es war immer so viel und so langweilig im Geschichtsunterricht. Auch habe ich oft die Könige verwechselt. Aus der Entfernung sind sie alle so ähnlich – wie Kathedralen.

Ich bin heute in St. Pierre und St. Etienne, den beiden berühmten Kathedralen von Caen gewesen. Ich muß einmal schon früher dagewesen sein, im Kriege. Merkwürdig, wie Kathedralen immer überstehen. Man hat alles wieder hergestellt. Warum kann man das nicht auch mit den Menschen machen? Ich war auch in St. Nicolas, das aus dem 12. bis 15. Jahrhundert ist. Im Grunde läßt uns das kalt. Wenn die Menschen ehrlich wären, würden sie sagen: Es ist kalt und fremd in solchen Stätten. Ja, das Triforium, das ist zuzugeben, diese neue Bogenreihe zwischen den Arkaden und Fensterzonen, die zum erstenmal diese Unterbrechung der gotischen Hochwand brachte, ja, ja, das schon. Das ist hier entstanden, und man sieht sich das eine Weile an, man freut sich an der Stille und Kühle im alten Kirchenschiff und ist dann doch zufrieden, nach ein paar Minuten wieder hinausgehen zu können: hinaus in das Licht, in den schönen lärmenden Straßenverkehr. Das Leben, bunt, ordinär und noch nicht zur klassischen Stilkunde geronnen, das liegt mir mehr.

Ich sah in Bayeux den berühmten Teppich, der eigentlich gar kein Teppich ist, sondern eine einzige Leinwandbahn, nur 50 Zentimeter hoch und etwas über 70 Meter lang, die in 58 Episoden Wilhelms Heldentat, die Eroberung Englands, erzählt. Schön gestickt, wie mir schien, aber auch deutlich parteiisch. Es ist alles aus der Optik des Aggressors wiedergegeben.

Man kann sich einen Kopfhörer, so eine Art Telefonhörer geben lassen, in Englisch, Französisch oder Deutsch, und bekommt dann, wenn man mit dem Lichtband vorrückt, das über dem Teppichstreifen läuft, und das nach ein paar Minuten immer weiter springt, alles sehr folgerichtig erklärt. Der Ton des Sprechers ist onkelhaft: nun sieh doch mal hier, wie fein das ist. Die elektronische Führung dauert jedesmal genau zweiundzwanzig Minuten, und es sieht immer etwas komisch aus, wenn die Besuchergruppen wie nationale Trauben plötzlich durch den Lichteffekt fünf Meter vorrücken. Es ist ja ganz still und lautlos im Saal. Dann bleiben sie stehen, betrachten, hören, verstehen, nicken mit dem Kopf. Da vorne die mit den blauen Telefonhörern, das sind die Engländer. Man sieht es an ihren höflichen, irgendwie verschobenen Gesichtern. Die Brillen der Engländer sind altmodisch. Und hier bei mir, die mit den grauen Hörern, das sind wir, die Deutschen. Auch das sieht man wohl.

So etwas fiel mir zum Beispiel auf in Bayeux: das Rucken der Nationen. Ich sah aber auch, daß diese alten Stickereien manchmal unglaublich zeitgenössisch wirken. Es sind eigentlich die ersten Comics unserer Geschichte. Genauso naiv und graphisch direkt auf die Szene zugehend, auch mit Sprechblasen oben und unten mit Textkommentar. Ein Comicstreifen, der in 58 Bildern den Eroberer feiert. Merkwürdig, daß solche Comics immer Imperialismus-Konstellationen voraussetzen. Und als ich wegging, beschäftigte mich noch eine Weile der frivole Gedanke, was aus Bayeux, diesem stillen, verschlafenen Städtchen, würde, wenn ein paar beherzte Leute heute Nacht den Teppich stehlen würden. Die Kommune wäre natürlich in greller Aufregung und Verzweiflung. Sie würde in Armut und Elend stürzen, und sicher ist: irgendwie müßte ein neuer Teppich her. Der Gedanke machte mich merkwürdig froh.

Mit all dem will ich nur sagen: Geschichte ist schrecklich. Ein Faß ohne Boden, ein Topf ohne Grund, aus dem dauernd Weihrauch aufsteigt, der uns andächtig, müde und glasig bewundern macht. Man muß sich gegen die Geschichte wehren. Wer sich auf sie einläßt, ist schon verloren, verirrt sich in ihren Katakomben, – er könnte höchstens noch Professor werden. Professor für mittlere oder neuere Geschichte, auch das ist abscheulich. In die Geschichte eingehen, heißt doch in Särge gelegt werden, in Grüften bis zur Unkenntlichkeit ausstaffiert werden. Das eben will ich nicht. Ich bin doch nur deshalb in die Normandie gekommen, hier, jetzt, in diesem Augenblick, um diese Schlacht noch einmal der Geschichte zu entreißen, um dieses gewaltige Spektakel der Völker den blassen Fingern der Historiker zu entwinden, um zu sehen und zu sagen: so, so, so, ihr Leute, so war es wirklich, seht! Ich war doch ein Zeitgenosse. Ich lebte doch unter Adolf Hitler.

Le Débarquement, die Invasion, liegt schon in der Agonie. Sie ist schon beinahe hinüber, sie röchelt schon in vielen Büchern und liegt schon aufgebahrt in vielen Museen hier, ist unter Glas geschoben und wirkt schon so steif und feierlich, wie eben Geschichte hinterher immer wirkt. Aber so war es doch nicht. Das ist doch noch alles lebendig in den Köpfen, den Erinnerungen, den Träumen der Menschen hier. Wißt Ihr noch, wie das war damals? Der Bürgermeister eines Dorfes hier – war es Tracy-sur-Mer? – soll doch tatsächlich am Morgen des 6. 6., als er die großen Schiffe ankommen sah, seinen Sonntagsanzug angelegt haben, er soll seine Bürgermeisterkette umgelegt haben und ist dann ganz feierlich allein mit dem Rathausschlüssel in der Hand zum Strand hinuntergegangen, um die Alliierten offiziell zu begrüßen. Seid willkommen, Befreier, Tracy-sur-Mer empfängt Euch mit Freuden. Hier ist unser Schlüssel. Doch die Befreier kämpften noch mit den mannshohen Wellen, sie ertranken, versackten, wurden von ihrer zentnerschweren Bewaffnung auf den Meeresgrund gezogen. Schwimmende Panzer zogen über sie hinweg, drückten die Ertrinkenden platt, und überall soll das Meer rote Flecken gehabt haben an diesem Morgen. Niemand wollte den Schlüssel haben.

Oder die Geschichte von der Witwe, in Ste. Mère Eglise, der alten Lehrerin, die schon um Mitternacht plötzlich durch ein Geknister in ihrem Apfelbaum aufgeweckt worden war. Sie schlich ängstlich im Nachthemd mit einer Taschenlampe in den Garten und sah in ihrem Apfelbaum einen Fallschirmjäger hängen, der sich verheddert hatte. Und wie sie ihn dann mit ihren Küchenmessern und Schneiderscheren vorsichtig aus dem Baum schnitt, denn im Nachbarhaus saßen die Deutschen. Sie verbarg dann den Soldaten in ihrem Schlafzimmer und erfuhr, daß ein junger Mann aus dem fernen Amerika eben vom Himmel gefallen war, um sie, ausgerechnet sie, als erste Frau in Frankreich zu befreien. Oder die Geschichte von dem kleinen Jungen in Vierville, der die Operation Overlord, Landeabschnitt Omaha-Beach, aufwachend im dunklen Zimmer, zuerst auf dem Messingknopf seines Kinderbettes sah. Er sah auf dem golden blinkenden Bettknopf Schiffe ausfahren, Feuer flackern, Flugzeuge kurven und war davon so verzaubert, wie Kinder eben von grausamen Märchen leicht verzaubert werden. Erst später weckte er seinen Vater. Der trat ans Fenster, rieb sich die verschlafenen Augen und sagte: Sie kommen. Sie kommen tatsächlich direkt auf uns zu.

Oder die vielen lächerlich-komischen Geschichten, die sich in der Nacht in den vielen Mannschaftsräumen der fünftausend Schiffe abgespielt haben müssen. Sie waren Jahre hindurch geschult und gedrillt worden auf diesen Augenblick, sie waren so entschlossen, das Tier auf dem Kontinent zu vernichten, aber während der Überfahrt, damit hatte man nicht gerechnet, war hoher Sturm, rauhe See. Es schwankte alles mörderisch, es kam ihnen alles hoch, und die meisten Befreier wurden seekrank. Sie erbrachen sich, lagen bleich und zitternd am Boden und viele machten sich in die Hosen. Oder, später dann, die Geschichte mit den Huren von Caen, die sich noch während der Schlacht um die Stadt für die Freiheit unstreitig verdient machten, indem sie es den alliierten Soldaten diesmal umsonst machten. Ich will nicht sagen mit Liebe, aber vielleicht doch mit einem Anflug von Zärtlichkeit? Das ist ungewöhnlich. Solche absurden Geschichten sind wichtig. Sie signalisieren das, was in der Geschichte doch immer verschwiegen wird. Ich fürchte, sie werden bald verlorengehen.

In die Geschichte eingehen, in die Gruft gelegt werden – soll ich jetzt etwa die Friedhöfe aufzählen, die überall in der Normandie zu besichtigen sind? Wen interessiert das: Soldatenfriedhöfe? Die Angehörigen vielleicht, einige. Für die anderen ist das langweilig: Kriegsgräberfürsorge – ein Wort, das mürrisch und gähnen macht. Man fühlt sich an Heinrich Lübke erinnert. Es heißt, die Toten mahnen. Ist das denn so?

Es war ein kühler, blauer Septembermorgen, als ich direkt über Omaha-Beach Saint-Laurent Cemetery betrat. Fast 10000 Amerikaner liegen hier auf einem Friedhof, der endlos ist. Man meint, immer auf der Stelle zu stehen, obwohl man schon eine halbe Stunde vorbeiging an Gräbern. Es war alles in ein weißes, blendendes Licht getaucht. Solche windstillen Sonnentage, silberhell, mit einem flirrenden Glitzern über dem Meer, sind hier ganz selten. Am Strand sind ein paar Wohnwagen ans Wasser gerückt. Bunte Punkte in den Wellen: Ein paar Leute baden. Ich war betroffen von soviel Schönheit, so viel Schweigen, so viel schönem Tod. Es wächst jetzt Gras darüber, ein zartes, endloses Teppichgrün, das jeden Golfspieler entzücken muß. Der Rasen wirkte wie frisch rasiert, so sauber, so zart. Ein vornehmer, grüner Samt ist nun über alles gezogen – kilometerlang. Aber lag es nun wieder an mir, daß sich, wie in den Kathedralen, große und erhabene Gedanken bei mir nicht einstellen wollten?

Ich dachte: Noch im Tode sind die Amerikaner so unverkennbar. Saint Laurent Cemetery – so etwas kann man sich wohl nur in Washington ausgedacht haben. Es wirkt alles so aseptisch, so kolossal geleckt und sauber wie eine Tiefkühltruhe. Heldentod? Das gibt sich hier auch in der starren, ein wenig maskenhaften Schönheit amerikanischer Kosmetik. Man spürt das natürlich nur in der uralten Umarmung Frankreichs. O schöne Verrottetheit draußen.

Und dann hatte ich noch einen ungehörigen Gedanken. Man kann weit durch die niederen, weißen Kreuzreihen sehen. Ein endloses Meer von kleinen, dicken Steinkreuzen, das streng militärisch geordnet ist und mit einem wandert, und das manchmal, wenn man den richtigen Diagonalwinkel hat, in einer Reihe zu einem einzigen Kreuz zusammentritt. Nennt man das nicht Auf-Vordermann-bringen? Diese Einheit der Christen wird manchmal durchbrochen. Nicht oft, aber doch gelegentlich, vielleicht nach jedem hundertsten Kreuz wird plötzlich diese Kreuzeinheit gestört durch einen Davidstern. Irgendwie paßt das nicht. Und wenn man dann hingeht, kann man lesen: Salomon Rosenbaum, geboren am 11. 2. 23., gestorben am 6. 6. 44. Darüber der Davidstern. Und in dieser Einheit der Kreuze begriff ich zum erstenmal bildhaft, also ganz real, was das ist: Diaspora, die Zerstreuung. Zerstreut unter allen Christen, unter allen Gleichen ein anderer sein. Und es war natürlich unmöglich, daß ich beim Einsteigen ins Auto auch noch dachte: natürlich. Natürlich ist das möglich, daß solche Kreuze in kranker Erde wachsen, größer werden, Flügelchen, kleine Haken bekommen. Die Amerikaner waren nie Feinde der Juden, aber sicher ist, daß der Antisemitismus eine christliche Sache ist. Diese Bosheit begann unter dem Kreuz.

Auch die Deutschen sind hier in die Geschichte eingegangen, etwa 30 Kilometer entfernt. Das ist nur natürlich: Schließlich und endlich herrscht Frieden, und im Tod sind sie alle vereint – welch eine mörderische und monströse Logik des Nationalismus. Zum Schluß, wenn alle tot sind, kommt immer die Humanität – auf Krükken. Es gibt in der Normandie heute vier deutsche Soldatenfriedhöfe, und sehr viele von den 235000 Deutschen, die in der Schlacht um Frankreich fielen, liegen hier. Die Friedhöfe, obwohl sie bescheidener, schmuckloser, eigentlich menschlicher wirken, sind heute in untadeligem Zustand. Sie sind sehr gepflegt, Adenauer hat das bewirkt. Das zum Beispiel. Sie haben keine weißen Steinkreuze, sondern graue, und Davidsterne, auch das ist deutlich zu sehen, stören nicht. Ich war am Nachmittag dieses strahlenden Sonnentages in La Cambe, einem Friedhof von vieren. Es war der 1. September 1969. Heute vor dreißig Jahren – komisch, daß ich immer auf so runde Daten stoße. Als ich nach Moskau fuhr, war es genau zwanzig Jahre her, daß die deutschen Truppen vor Moskau standen, und die Russen zeigten uns diese Stelle. Als ich nach Polen fuhr, waren es genau fünfundzwanzig Jahre, daß die deutschen Truppen in Polen einfielen. Als ich nach Breslau kam, höre ich Gomulka im Radio sprechen. Heute vor dreißig Jahren hat alles begonnen, aber jetzt hier in La Cambe herrscht Frieden. Wenn einmal alle tot sind, ist nur noch Pietät.

Zwei junge Franzosen gehen durch die Grabreihen. Es sind offenbar Friedhofsgärtner – mit Sonderauftrag. Der eine hat ein Papier bei sich, auf dem lange Listen stehen, der andere trägt in einer großen Tüte viele kleine Blechvasen, unten mit dünnen Stangen, um sie in die Erde zu stecken. Es liegen immer zwei deutsche Soldaten in einem Grab: Kameradengrab heißt das. Und der mit dem Papier in der Hand guckt immer auf seine Liste, buchstabiert, vergleicht dann die Namen auf den Steinen und sagt zu dem anderen mit der Tüte: Non, Philippe, à gauche, oui, à droite, und blickt dann wieder in seine Papiere. So rechts der links, so jeder dreißigste, jeder vierzigste ungefähr bekommt heute seinen Blumenstrauß. Im Tod sind sie alle vereint.

Der Augenblick der Freiheit

Eigentlich sollte das heute ein friedlicher, ein schöner Tag werden, ganz gegenwärtig. Etwas Freude, schöne Gegenwart täte gut. Man hat es sich verdient, und schließlich hat die Normandie doch ganz andere Seiten. Sie ist sehr reich und dick, lebensfroh, und an der Küste wird sie einigemal unerhört luxuriös. An so etwas hatte ich heute gedacht. Ich wollte die Schönheit, die Eleganz der großen Seebäder sehen, wo keine Invasion war, Deauville zum Beispiel. Treffpunkt der reichen Leute. Richtige Gesellschaft mit Pferderennen, Damen mit Pelzen und großen Hüten und Herren mit Zylinder soll es dort geben – immer noch. Ich wollte auch nach Honfleur, dem Schwarm aller Normandie-Freunde, die hölzerne Stadt am Meer, so etwas wie Rothenburg ob der Tauber, nur normannisch, wikingerhaft. Vor allem aber wollte ich Cabourg sehen, weil ich wußte, daß Cabourg in Wirklichkeit Balbec ist und von Proust stammt: Im Schatten junger Mädchenblüte. Ich wollte endlich einmal das Grand-Hotel besichtigen, wo der Dichter sieben Sommer verbracht hatte, aufmerksam beschäftigt mit den Gebärden des Adels. Sein Zimmer müßte doch zu besichtigen sein? Aber dann bin ich wieder hängengeblieben – im Kriege. Auch eine verlorene Zeit: meine. Man muß nämlich, um von Bayeux nach Cabourg zu kommen, zwei Wasserwege überschreiten: die Orne und gleich daneben den Kanal von Caen.

Beide Stellen sind nicht irgendwelche Übergänge. Man merkt sofort, wenn man auf die leichte Höhe der Brücken zufährt, daß dies beherrschende, wichtige Punkte sind: man sieht weit ins Land, und wer diese beiden Brücken beherrscht, beherrscht das Gebiet. Er hat eigentlich alle Ost-West-Straßen des vorderen Calvados in der Hand.

Hier hat das Ganze begonnen. Es ist kaum zu fassen – das Ganze, aber hier, wo es anfing und eingefädelt wurde, ist es zu überschauen. An dieser schmalen Ziehbrücke, die vielleicht sieben Meter breit und hundert Meter lang ist, hat diese Schlacht begonnen, die ich umkreise, die ich nicht fasse und die ich nicht beschreiben werde, und die dann nach Paris und in die Eifel, nach Aachen und schließlich bis an die Elbe führte. Und wenn wir heute so etwas wie eine zweite deutsche Republik haben, eine Demokratie, nicht gut, aber doch auch nicht so schlecht, daß man sie nicht noch verbessern könnte, und wenn ich noch lebe und relativ frei bin und eben dies hier schreibe: hier hat das alles begonnen. Bénouville und Ranville, zwei lächerliche Ortsnamen, dazwischen begann es. Man müßte hier eigentlich einen Kranz niederlegen. Das hier, wieder so ein Anglizismus, heißt heute Pegasus-Bridge.

Fünf Stunden bevor die Armada vor der Küste vor Anker ging, landeten hier um Mitternacht die ersten englischen Luftlandetruppen, um die Brücken zu nehmen, um den Verkehr abzuschneiden, um die Straßen zu besetzen, um Lichtsignale zu geben, um Landeplätze zu markieren für den großen, schwarzen Schwarm der Lastensegler, der dann im Morgengrauen kommen würde, um Mannschaften, Geschütze, Lastwagen, Panzer einzufliegen. Die Normandie war doch damals kaputt, es gab nichts mehr. So haben sie alles mitgebracht. Sie haben von dem grünen Floß England auf dem Wasser und in der Luft alles mitgebracht, eine Armada der Völker, die geschwommen und geflogen kam und ganze Städte, zwei komplette Häfen und viele Elefanten mitbrachte. Nun sag es doch ruhig einmal, obwohl so etwas Monströses dir gar nicht liegt, es auch nicht vorstellbar ist, hinterher. Es kamen in diesen Tagen Dreieinhalbmillionen Soldaten auf viertausend Transportschiffen, von 1213 Geleitschiffen begleitet, und der Luftraum wurde von 13000 Flugzeugen gesichert. Da war einfach nichts zu machen, möchte man heute als Deutscher sagen. Und ich füge hinzu: Gott sei Dank. Und als dann diese ersten Engländer in die Festung Europa vom Himmel gefallen waren wie Pegasus, besetzten sie im Dunkel der Nacht die Brücken, entwaffneten die verdutzten Deutschen und funkten dann hinüber zum grünen Floß England: »ham and jam – ham and jam.« Ham, das heißt: Kanalbrücke genommen. Jam: die Ornebrücke ist auch in unserer Hand.

Heute sieht Pegasus-Bridge wieder friedlich aus – oder? Die Ziehbrücke ist steil hochgezogen. Der eine lange Arm steht schräg und schwarz im Himmel. Touristenautos haben sich auf beiden Seiten der Straße gestaut. Die Autofahrer sehen gelangweilt zu, wie ein grauer Frachter die Orne hochgetuckert kommt, ganz langsam. Vorne am Schiffsleib lese ich: Elise Schulte/ Emden. Ich müßte wohl jetzt eigentlich winken? Hallo, wir sind wieder da! Links und rechts von der Brücke zwei Cafés. Die schmalen hohen Häuser sind neu aufgebaut. Sie strahlen und sehen in ihrer frischen Hochglanzlackiertheit unwirklich aus wie Kinderspielzeuge. Es sind Puppenhäuser für Schlachtenbummler. Das rechte Haus heißt Café Pegasus-Bridge. ›English spoken‹ steht vor der Tür und daneben ein Schild: ›First House of France, liberated in the last hours of June 5. 1944...‹ Dann folgen Namen und Truppenangaben.

Ja, das erste Haus in Frankreich, das befreit wurde, das erste Dorf, die erste Stadt, alle Orte in der Normandie haben heute auf den Landkarten hier mit ihrem Namen den Tag ihrer Befreiung aufgedruckt. Ich sah allein fünf erste Dörfer, Ranville zum Beispiel, nur fünf Kilometer weiter, ist solch ein Ort. Ich gehe durch Ranville. Ein kleines langweiliges Nest, das jetzt durch seine untadelige Neuheit, eine Sauberkeit und Frische, die unnatürlich wirkt, auffällt. Eigentlich sind solche Besuche enttäuschend. Man geht durch die Straßen, blickt in Häuser, in Höfe, in Stallungen hinein, meint, an den Gesichtern der Bauern etwas ablesen zu können. Es müßte sich irgendwo niedergeschlagen haben: der erste Augenblick. Aber so etwas bleibt nur auf Denkmälern beständig. Der Augenblick ist nicht zurückzuholen.

Es ist so: die Schlacht liegt im Sterben. Sie liegt unter Glas und ist schon in Marmor gefaßt. Sie ist schon dabei, zu allen anderen Schlachten der Weltgeschichte zu rükken: entsetzlich, die vielen Schlachten, die wir immer auswendig lernen mußten. Das hier, das kommt nun hinzu. Die Schlacht bei Cumae, auf den katalaunischen Feldern und die am Teutoburger Wald, die von Gravelotte und Sedan, so etwas ist immer langweilig, hinterher. Es war immer so langweilig, wenn mein Vater zu Hause von Verdun und Langemarck anfing: Jetzt geht das wieder los: Diese Väter, diese alten Männer, die immer von ihren Kriegen erzählen, als seien das leuchtende, herrliche Zeiten gewesen. Spießermoral hinterher am Ofen. Für die nächste Generation ist das immer zum Gähnen. Es ist ein Brechmittel für die Jungen. Weißt du noch damals? Da steht man besser auf und geht.

Aber es ist auch so: Für manche ist das eben noch nicht vorbei, für viele ist das noch da und lebendig. Der Engländer, mit dem ich gestern lange im ›Café au Débarquement‹ sprach, der Amerikaner, den ich im Kriegsmuseum von Caretan so ganz naiv fragte, was das eigentlich hieße: Omaha und Utah – sinngemäß, und der mir höflich, aber auch mit etwas ironischem Lächeln beschied, das erste sei eine Stadt, das zweite ein Staat in Nordamerika. Für sie zum Beispiel war diese Schlacht noch nicht vom Staub der Geschichte bedeckt. Für sie war Amerika noch immer ein Posten der Freiheit. Die Normandie ist heute ein Treffpunkt für viele skurrile Einzelgänger. Touristen, sagt man. Sie kommen aus Sidney oder Toronto, aus irgendeinem Nest bei Chicago oder auch nur von England drüben. Sie kommen mit ihren Frauen, mieten sich hier ein und laufen dann wochenlang herum. Touristen anderer Art. Sie fahren durch das Gelände, sehen, suchen, schnuppern wie Hunde, jeder für sich ganz privat. Sie stehen auf Bunkerresten, klettern Anhöhen hoch, streifen durch Wiesen, bleiben unter Apfelbäumen stehen und sagen immer zu ihrer Frau: hier, hier, hier genau muß es gewesen sein, oder nicht? Was meinst Du, Mary? Es sind lauter verrückte, beschädigte Einzelgänger, die den Augenblick von damals suchen, die verlorene Zeit. Hier bin ich doch damals gelandet mit meinem Fallschirm, hier luden wir aus. Oder war es doch woanders? Hinterher sieht immer alles so ähnlich aus: Hysterien der Vergangenheit. Das ist nicht mehr einzuholen. Sie sind auf der Suche nach ›Overlord‹.

Nein, das führt eigentlich zu nichts. Es ist besser, sich an das Zuverlässige und amtlich Beglaubigte zu halten. Die strenge Dame in ihrem blauen Schneiderkostüm neulich, die in Utah-Beach im ›Museum of the American Landing‹ – es heißt tatsächlich so – sechsmal am Tag die ganze Operation vorführt, auf sie zum Beispiel ist Verlaß. Das Museum wirkt zunächst klein, ärmlich, eigentlich enttäuschend. Nur so die üblichen Stücke: Waffen, Uniformen, Landkarten, viele Fotos. Draußen ein paar Panzer auf Sockeln. Kinder klettern da rum. Aber dann, immer zur vollen Stunde, wird die Bühne geöffnet. Zunächst wird auf einer kleinen Leinwand ein Film gezeigt, der eigentlich auch enttäuschend ist, da er die große, die von mir immer erwartete Vision der ganzen Armada nicht zeigt. Damals waren die Filmreporter noch nicht so weit. Eine Männerstimme spricht in dem lyrisch angehobenen, etwas pathetischen Ton, mit dem man auch im französischen Rundfunk Baudelaire oder

Claudel zitiert. Es klingt immer so feierlich. Wenn der Film dem Ende zugeht, merkt man es sehr frühzeitig nicht nur am Flimmern. Es setzt Musik ein, erst leise untermalend, dann langsam anschwellend und schließlich zu einem triumphalen Finale sich steigernd: ein rauschhafter, tosender Schlußakkord steht jetzt im Raum wie bei einer Tschaikowsky-Symphonie. Gloire, gloire – ach, war das so?

Dann wird eine rosa Falttür geöffnet. Die Besucher treten in einen großen sechseckigen Raum ein, wo man wie durch sechs Bunkerschlitze die ganze Landefront übersehen kann. Es glitzert Sonne über dem Meer. Die strenge Dame tritt in die Mitte des Raumes. Da ist unter Glas das Departement Calvados in einer bunten Reliefkarte nachgebildet. Sie hat einen dicken Schlüsselbund bei sich und beginnt nun zu schließen, drückt einen Schlüssel da rein, dann woanders. Sie handhabt ihre Schlüssel wie ein Klavierspieler, rasend schnell, schiebt und drückt und zieht wieder heraus, und dabei beginnt ganz Calvados zu leben. Man sieht kleine Soldatentrupps aus dem Wasser kriechen, woanders ziehen sie schon aufrecht über die Straßen, winzige Panzer quälen sich Berge hoch und dort drüben, wo so ein stubsiger kleiner Bauer mit seiner Frau steht, beginnt eine flackernde Schlacht. Man sieht es blitzen und brennen, dann ziehen sich die Hakenkreuze zurück. Offen gesagt: mir gefallen die Leute nicht, die ich hier immer wieder in diesen Mausoleen des Krieges traf. Es sind so runde, einfältige Gesichter, engstirnig, die Nase am Glas plattgedrückt. Bauerngesichter, Nationalistengesichter. Ich sehe hier nie einen Intellektuellen, nie einen jungen, netten, intelligenten Franzosen, wie man sie aus Paris kennt. Natürlich: Vergangenheit. Das ist nun wieder die Geschichte mit den Jungen, die gähnen und lieber weggehen.

Jetzt werden die Schießscharten verdunkelt, Jalousien fallen schnatternd herunter. Die Sonne, die eben noch in weißen Spritzern über dem Meer lag, ist weg. Es ist halbdunkel im großen Raum. Jetzt sieht man, daß neben den Schießscharten je zwei Kästen aufgestellt sind, die wie Fernseh-Apparate aussehen. Die strenge Dame nestelt wieder an ihrem Schlüsselbund. Sie ist vor ein kleines Schaltpult getreten und regelt daran – fast wie ein Tonmeister. Sie zieht Hebel herunter, drückt auf Knöpfe, und plötzlich beginnen diese zwölf Fernseh-Apparate zu leuchten, zu tanzen und laut zu knattern. Es sind keine Fernseh-Apparate, sondern kleine, wütende Diorama-Kästen. So etwas sah ich noch nie. Sie leuchten, sie strahlen, sie funkeln und flackern, sie tanzen das große Ballett Vergangenheit, die doch noch Gegenwart ist – in mir. In zwölf lebenden Bildern wird sechsmal am Tag für drei Francs Eintritt die Geschichte wiederhergestellt, die ich suche, die ich nicht fasse und nicht beschreiben kann: täuschend ähnlich. Da werden Schiffe ausgeladen, da werden lange, schwarze Eisentrossen ins Meer geworfen; man sieht, wie dann später Panzer darüber rollen, und in einem anderen Kasten fallen Fallschirmjäger vom Himmel. Das muß wohl Pegasus-Bridge sein oder ist das nicht Ste. Mère Eglise? Woanders gehen jetzt Lastensegler nieder, und viele kleine Männchen hüpfen eilig heraus. Das hast du doch immer gesucht hier am Strand: den Augenblick der Freiheit. Sei ehrlich: Soldatenspiele, das ist jetzt im kleinen Kasperle-Theater von Utah-Beach sechsmal am Tag zu besichtigen. Es ist vollautomatisch, beinah getanzt.

Cherbourg ist auch nicht mehr

Ob es die Meerestiere waren? Gestern abend, als der Kellner im Speisesaal des ›Oasis‹ diese Schüssel mit Muscheln vor mich hinstellte, schwarze Muscheln, naßglänzend, in einer dünnen Zwiebelsoße, und viel Petersilie darüber, sehr köstlich, kam mir der Gedanke: natürlich, die Muscheln von Cherbourg. Da mußt du doch auch noch hin. Das gab es doch einmal. Letztes Kapitel: Gefangenschaft.

Ich bin also heute nach Cherbourg gefahren. Man täuscht sich immer als Sammler des Krieges. Man meint, da war doch keine Landung, kein Overlord und also muß das langweilig sein. Es ist nicht wichtig; die Perspektive der Spezialisten. Auch neigte ich zu dem Glauben, daß die Halbinsel ganz oben reizlos sei. Ein fades Gemisch, das sich schon langsam abwendet von der Normandie und etwas zur Bretagne überneigt. Tatsächlich war es ein Abenteuer, sehr überraschend. Die Landschaft wird, je mehr man sich Cherbourg nähert, immer lebendiger, zerrissener, aufgeregter. Die Stadt liegt auf einem Berg. Man muß sich in vielen Kurven und Schleifen umständlich hochwinden, und dann, oben, liegt die Stadt plötzlich wie ein kleines Genua weit und breit ausschwingend da, zum Meer hin in vielen Terrassen sanft abfallend. So eine richtige Hafengebärde, halboffener Mund, große Umarmung und weite Einladung ans Meer: kommt alle her zu mir aus der Welt.

Cherbourg ist eine schöne Stadt. Ich bin den ganzen Tag durch die Straßen gelaufen und war überrascht und entzückt von so viel Vergangenheit, dem Geschmack der Geschichte, dem salzigen Fischgeruch aus dem Hafen.

Man meint, an allen Straßenecken stünden Heringsfässer, Tonnen von Krabben und Muscheln herum. Frische Langusten und Hummern sind in vielen Schaufenstern zu sehen. Auch hier ist gekämpft und zerstört worden, aber weniger erbittert. Cherbourg fiel den Alliierten als erster natürlicher Hafen, nachdem sie sich in der Normandie weit ausgebreitet hatten, nicht kampflos, aber doch auch nicht total zertrümmert in die Hand. Einiges blieb. Gott sei Dank, sage ich. Man merkt erst in diesen grauen, verwinkelten Hafengassen Cherbourgs, wieviel in den Städten der Normandie verlorenging. St. Lô, Lisieux, Evreux, sie sind alle komplett und modern wieder aufgebaut. Der Krieg ist weggewischt aus ihren Gesichtern, aber etwas fehlt: die blätternde, bröckelnde Haut der Vergangenheit, der Faltenwurf der Zeit, das schöne Gebrechen: zuletzt. Man muß das feststellen, aber soll es nun auch nicht zu sehr beklagen, denn das eben ist ja der Lauf der Welt: hinfallen und wieder aufstehen und wieder zerbrochen werden und dann wieder aufgebaut werden. Das eben ist doch der Lauf der Welt, daß man wieder neu anfangen muß. Auch kommt das Alter, das schöne Gebrechen, immer von selbst. Zeit rinnt von selbst. Auch das neue, saubere, ein wenig zu glatte Gesicht von Caen wird einmal wieder mürbe werden. In der Rue St. Pierre fängt das jetzt schon an.

Ja, ich bin den ganzen Tag durch Cherbourg gelaufen. Es ist da, es ist wirklich da und manches noch aus sehr alter Zeit, aber das, was ich suchte, war ja nicht sein Salzgeschmack, die schöne Fassade der Fäulnis, die Kirche de la Trinité, 15. Jahrhundert. Ich war auf der Suche nach meinem Cherbourg, nach der Stadt und mir: Gefangenschaft. Ich lag zum Schluß als Kriegsgefangener hier in der Stadt. Zum Schluß wurden nämlich alle deutschen Soldaten gefangen, und ich kam ausgerechnet hierher.

Es sind nur noch Reste, Fetzen, Nebelschwaden, die kommen und gehen, aufreißen: stellenweise kann man jetzt durchgucken. Es muß irgendwo hier oben in den Bergen gewesen sein, wo war es denn nur? Ich weiß, daß alles sehr hell war – zum Schluß. Der Berg war weiß, kalt und weißstaubig. Ich erinnere mich an gelben Lehm. Es war ein riesiges Lager der Amerikaner, noch größer, aber nicht so geleckt wie Saint-Laurent-Cemetery. Es war eine endlose weiße Stacheldrahtwelt, flach und kalt und spröde wie eine Mondlandschaft, vielleicht wie das Meer der Ruhe? Es gab viele Zäune zwischen der Leere: Cages, die Käfige, die nun langsam gefüllt wurden. Da wurden tatsächlich die Nazis von den Mitläufern getrennt. Es ist kaum zu fassen; damals unterschied man noch: die mit der Blutgruppe unter dem Arm, die SS-Leute, kamen alle in besondere Käfige. Die saßen so kauernd und verbissen da, auch daran erinnere ich mich.

Auf den breiten Kieswegen – oder war es doch Lehm? – auf diesen Lagerstraßen zwischen den Käfigen, die auf jeden Fall hell waren, zogen Hitlers Soldaten ein, Tag und Nacht, wochenlang: staubbedeckt. Auch ich war darunter gewesen, am Anfang. Das werde ich nie vergessen: gefangen und frei, hinter Stacheldraht und doch glücklich. Das Tier war besiegt, und ich lebte noch. Man nannte das damals: die Freiheit der Gefangenen.

Und das ist mein Bild vom Ende der Invasion. Le Débarquement liegt noch nicht ganz im Sterben. Letzter Akt der Schlacht – das ist noch lebendig in mir. Über die hellen Lagerstraßen ziehen die endlosen, grauen Heere, Armeen, die nun nur noch geschlagen sind, sie ziehen wie betäubt, schwer und erschöpft, in breiten Kolonnen, in träger Sechserreihe. Es ist, als wenn eine endlose, graue Herde sich buckelnd über die Straße wälzt: wilde Tiere, die nun aber nur müde, unendlich erschöpft sind. Junge Farbige aus den Staaten stehen am Rand, treiben sie manchmal mit let's go und go on an, aber die Herde wird dadurch nicht schneller. Manche Farbigen haben kleine Stöckchen in der Hand und wippen damit: go on und let's go. Manchmal klatscht es auf einen Rücken. Büffelherden, sie werden nicht schneller.

So ist das also am Ende. Eine Art Völkerwanderung der Herrenrasse, nun alles gemischt: die blauen Uniformen der Luftwaffe, die alten, abgerissenen Grünröcke des Heeres; es waren auch blaue Marineuniformen darunter. Es kommen Stabsoffiziere mit roten Streifen an den Hosen und Generäle, noch immer mit goldenen Schulterstücken. Alles rein in die Käfige und dann abschließen und viel Stacheldraht darum. Go on. Jetzt kommt Führung, deutsche Elite. So etwas sah ich nur in der Wochenschau, ich sah sie nie als Gefreiter. Wieder Generäle und alle mit roten Hosenstreifen. Die Herren von Kleist und von Prittwitz, gute Rasse, altes Preußentum. Junker aus Pommern, vielleicht auch aus Mecklenburg. Die blauen Augen der Herren sind erloschen. Das scharf geschnittene Profil, die wülstigen Augenbrauen: alles versteinert, eingefroren. Denkmale, die immer noch gehen, sehr träge. So ungefähr habt ihr doch einmal die Völker im Osten über die Straßen getrieben. Untermenschen und Übermenschen, wie sich zum Schluß alles ähnlich wird. Die Slawen und Germanen – das ist nun fast gleich. Ich hockte in meinem Käfig, ich hatte Hunger, ich war gierig nach Nikotin. Ich dachte: sieh dir das an. Vergiß es nie, halte das fest. Das gibt es nur einmal in deinem Leben, du Zeitgenosse Adolf Hitlers. Triumph des Verlierens: Gerechtigkeit in der Geschichte. Cherbourg – das wird es nie wieder geben später.

Nein, ich habe diese kahle, lehmige Bergkuppe nicht mehr gefunden. Vielleicht sind da jetzt Häuser, eine Neubau-Siedlung, wo Autos stehen, Radfahrer kurven, Kinder spielen? Ich sage nur: Cherbourg ist schön. Cherbourg ist alt. Cherbourg ist auch nicht mehr.

Engadiner Höhenrausch

Winterträume in der Schweiz

Des Nachts im Traum, in der ersten Nacht oben, erlebte er alles noch einmal. Er fuhr wieder über spiegelblanke Pisten, er rutschte mühelos in vereiste Kurven hinein, schlenkerte, schleuderte einen Augenblick, drehte sich etwas, aber bekam dann, merkwürdig, den Wagen doch wieder in die Spur. Nur kein Gas geben, dachte er, nur nicht bremsen: rollen lassen, einfach so rollen lassen. Ach, das sagt man so leicht, zu Hause, zuvor. Manchmal hatte er ein Gefühl von Pudding gehabt. Das Auto gab keine Schwere, keinen Widerstand, keine Lenkbarkeit mehr her. Das Auto war hier oben federleicht wie eine Schneeflocke geworden und trieb weich und wolkig durch die Alpen. Dann war Bibio gekommen: Schneeketten. Der Ärger in der Garage, die Schläfrigkeit der Monteure, die auf ihre Siesta pochten, dann der Julier – kein großer Eindruck. Dann Silvaplana, die Schneeketten runter, dann endlich St. Moritz: das Engadin. Paßfahrten im Eis, dachte er hinterher, sind für uns Flachländler wie Prüfungen des Himmels. Am Eingang zur Höhe steht der Felsen Abgrund. Und plötzlich ist man drin – im Paradies.

Schon am nächsten Morgen bemerkte er erste Veränderungen. Er wachte früher als gewohnt auf. Es kribbelte im ganzen Körper. Es piekte, stach wohlig und zog in allen Gliedern. Es war, wie wenn kleine Batterien an seine Organe angeschlossen worden wären. Er bekam dauernd sanfte, zarte Schläge von Elektrizität, die sagten: Nun los, mein Lieber, fang wieder an zu leben. Lange genug warst du krank da unten. Wir geben dir jetzt einen Schubs. Sagten das die Berge, die Sonne, der Schnee? Er hatte die Nacht wenig und schlecht geschlafen. Er hatte sich in dem schmalen bündner Bett unruhig hin- und hergeworfen. Der Schlaf war hier leichter, flacher. Man träumte ein unheimliches Zeug zusammen: mörderisch. Er spürte, wie die Schilddrüse irgendetwas ausspuckte, das ihn nervös und erregt machte. Aber merkwürdig: es trat kein Kater, keine Gereiztheit, keine frühe Müdigkeit auf. Er fühlte sich leicht, flott und fit und auf grundlose Weise fröhlich. Er fühlte sich wie ein Reklamemensch an Litfaßsäulen: immer happy.

Das Engadin, hatten sie unten gesagt, ist ein einziges kolossales Massage-Institut. Es weckt Tote wieder auf. Es wirft den Kreislauf an. Einigen wird dabei schwarz vor Augen, das ist wahr. Einige versacken und müssen zurück. Aber die Meisten reißt es zu einem neuen, zweiten Leben hoch, zu einer rauschhaften Steigerung ihrer Vitalität. Du wirst es sehen. Euphorien der Höhe, Gletscherluft und der Föhn aus dem Süden, manchmal auch Nordföhn: ein Schwingen, ein Schweben über dem Abgrund, nicht ganz ungefährlich am Anfang, mein Lieber. Die Leichtigkeit täuscht.

Graubündner Gasthöfe sind gelb, gelbbraun, gelbgrün; sie sind sanft verschnörkelt, dickwandig und wirken von außen sehr alt. Im Inneren sind sie von wohltuender Schweizer Behäbigkeit. Dazu kommt unvermittelt ein Stück Eleganz, das aus Zürich oder Mailand zu stammen scheint. Arvenholz, sagten sie. Es riecht hier nach dieser seltenen, edlen Fichte des Engadins, und was dir wie Nagellack in die Nase zieht, ist Azeton, mit dem das rohe Holz dauernd aufpoliert wird. Solche Holzverschalungen der Wände halten Jahrhunderte und werden immer schöner dabei. Tatsächlich schlich immer ein Italiener mit einer Flasche durchs Haus und rieb und strich überall liebevoll die Bauernmöbel. Er schlich wie ein Kater durchs Haus, so leise und lieb.

Im Empfang, in der Halle, in der Bündner Stube, im Restaurant, im Speisesaal – überall hockten auf Stühlen und Bänken Tiere. Sie lagen auf sanften Kissen. Unheimlich große Katzen, kleine verfettete Hunde lagen wie Pensionsgäste breit auf Kissen und blinzelten ihn manchmal, wenn er sich darauf niederlassen wollte, entrüstet und traurig an. Sie hatten die schwermütigen Blicke schwangerer Frauen im achten Monat. Weiße Katzen, graue, bräunliche, schwarze: der Gasthof war wie ein hochkultiviertes Tierasyl, in dem viele fette Vierbeiner zum Wintersport abgestiegen waren. Sicher gibt es so etwas in der Schweiz? Die Wirtin wogte majestätisch mit ihrem hohen Busen wie ein kolossales Mutterschiff durch dieses Meer der Tierliebe. Sie ging kerzengerade, war immer etwas entrüstet, trug ein giftig grünes Kleid und einen hochgesteckten Dutt, der mit jedem Haar nein zu sagen schien: nein, nein, nein. Sie zeigte sich immer entrüstet – wenn Gäste kamen.

Schnee, Schnee, Schnee – über allen Wipfeln liegt Schnee. Er hat das Auto über Nacht in dicke, weiße Watte verpackt. Es steht versandfertig vor dem Haus, springt nicht mehr an. Es liegt Schnee auf den Telegraphenmasten, den Türmen der Elektrizität. Er türmt sich meterhoch an den Wegrändern. Kleine gelbe Urinflecken zeigen die Spur der Hunde. Endlich ist Neuschnee gefallen. Er liegt wie eine breite, saubere Isolierschicht auf allen Dächern, Schaumgummiplatten, wahrscheinlich in Zürich bestellt, um im Winter die Kälte abzuhalten? Schnee macht so warm, sagt man, Schnee ist gesund, im Schnee kann man übernachten. Die Schweizer Soldaten trainieren das hier – mit Schlafsäcken. Was ist Schnee? Manchmal rieselt er leise wie im Weihnachtslied, manchmal flockt er tatsächlich, wie es sich gehört. Manchmal fegt er über Straßen und Dächer, beißt, sticht, schlägt mit der Gewalt kleiner Hagelkörner auf. Dann liegt er wieder unschuldig in gut verpackten Paketen zusammen. Man würde nicht glauben, daß er lawinenartig ganze Dörfer zermalmen kann. Schnee wirkt so unschuldig. Mordlust ist ihm nicht anzusehen. Wenn man darauf tritt, knirscht er, als hätte er Grund zu leisem Protest, wie die Jugend in Zürich oder Bern. Er knirscht jeden Tag anders. Das Wetter, sagt man. Hier kommt alles auf das Wetter an. Manchmal knirscht er scharf, hart, böse, manchmal milde. Gelegentlich nimmt er die Schritte lautlos auf, weich wie ein Muttertier. Er ist neu gefallen, zeigt sich gefällig, sozusagen gut gelaunt.

Des Mittags im Liegestuhl geht eine Helligkeit, ein hartes, verrücktes Licht von ihm aus, das blendet und für Augenblicke verwirrt. Träume im Liegestuhl: hochverpackt. Der Schnee ist jetzt kein Schnee mehr – er ist

›Schnee‹, wie das die Rauschmittelhändler in Zürich oder Frankfurt nennen: Heroin oder anderes Pulverzeug. Man liegt im Stuhl und möchte einen Trip machen. Man träumt in der Sonne. Man möchte versinken, untergehen in diesem Rauschmittel der Höhe. Siehst du denn nicht die flirrenden Ränder, die violetten Konturen am Firmament? Kreisen nicht rote Bälle, kleine Lawinen, zartorangene Apfelsinen, die wir eben aßen, die Berge herunter? Es ist wie ein erster Rausch der Höhe, während die Sonne langsam hinten versackt. Was ist mit dem Schnee im Engadin? Ein weißer Riese. Weißer geht es nicht.

Die monumentale Häßlichkeit von St. Moritz belustigte den Fremden. Wie das schwarz hervorbrach aus weißem Licht. Düstere Burgen, graue Hotelpaläste, hohe, moderne Apartmenthäuser, schmutzige Straßen, von vielen Spikes aufgerissen. Manches erinnerte ihn an Berlin-Charlottenburg: so grau war es hier. Es liegt kein Schnee in St. Moritz, eher Dreck. Man hat mit Halteverbotschildern, mit Parkscheiben, mit Polizisten zu rechnen. Man beginnt wieder zu kreisen wie in Frankfurt oder München. Tatsächlich, da ist eine Parklücke. Vier Meter Platz: der Glücksfall von St. Moritz.

Allmählicher Umschlag: der Fremde war überrascht von der Anmut, der Eleganz, der Schönheit der Schaufenster: wirklich schöner Schein. Auch die Menschen, die Moden, die hier flanierten, waren sehenswert. Er sah Dekorationen von venezianischer Eleganz und diskretem Reichtum, kostbare Antiquitäten, und er sah endlich Frauen, die dazu paßten: alt, steinalt: lederne Damenwelt. Welch eine Welt von gestern: Hochkapitalismus, noch einmal. St. Moritz war eine Bühne, eine glitzernde Szene, nicht Schnee, sondern Brillanten, die hier noch einmal hohe Zeit, goldenes Bürgertum 1910 spielte. Es entzückte und verbitterte ihn – eine Weile. Daß es so etwas noch gab. Es müßte alles verboten werden. Die Russen, die Chinesen, wann kommen sie her, räumen auf? Sozialismus war hier noch ein Fremdwort. Aber wahrscheinlich war das meiste Theater, Ausstellung, eine einzige Staffage, die bürgerliche Kultur hieß? Sehen und gesehen werden, dabei sein, dazu gerechnet werden: nennt man das nicht Gesellschaft? Er sah Perlen, Pelze, Playboys, Leder, schwere Wagen, schwere Männer, die auf dem Weg zur Piste, zur Sauna, zur Bar oder zur Bank waren. In St. Moritz ist alles schwer.

Leicht wurde ihm erst wieder draußen – über der Stadt. Er stieg höher; er ging aus dem schwarzen Schnee, dem Dreck von St. Moritz hoch in die Berge, ins Skigelände der Stadt. Es war hell, sonnig, glitzernd weiß hier, und plötzlich lag der hohe Ort unten – wie sonderbar. Tief unten dräute im Dunkel des Tals die Burgenstadt, ein schwarzes, böses Felsenmärchen. Sie wirkte so tief, tiefvergraben und etwas kränklich. Man mußte sich abwenden, aber hier oben wurde es schön. Er pustete, er keuchte, er schleppte sich langsam die Serpentinen hoch. Sein Schritt knirschte hart im Schnee, dünnes Eis brach darunter. Manchmal rutschte man aus, aber fing sich dann doch – es war wie mit dem Auto: man kam wieder in die Spur. Also weiter stapfen, weiter pusten, öfters mal halt machen. Dann kam er zum Chantarellahaus. Es lag wie eine Gralsburg der Bourgeoisie dort oben, so prächtig und streng. Gelb und breit, etwas klotzig. Die schauderhaften Fassaden erinnerten ihn auch an ein Schweizer

Internat, eine Kaserne, ein Heim für schwer erziehbare Sprößlinge. Er hörte hinter sich Pferdeschlitten klingeln. In der Ferne sah er die Skiläufer hoch in den weißen Mulden schwingen. Sie wirkten wie schwarze Fliegen, die über ein Bettlaken krabbeln. Oben ließ er sich in einen der Liegestühle fallen, die auf der Terrasse der Gralsburg standen. Er schwitzte. Er blinzelte. Er sah auf das große Thermometer, das an der Wand hing. Sonne lag jetzt darüber. Es zeigte zwanzig Grad Wärme. Er wußte, eigentlich war es auch kalt, klirrend kalt. Im Schatten war zwanzig Grad Frost.

Und natürlich ging er, zurückgekehrt in die Stadt, dann auch ins ›Palace‹. Er konnte sich solche kleinen, kostspieligen Scherze nicht verkneifen. Dazu war er zu arm. Und im ›Palace‹ war es exakt so, wie er es schon aus den Illustrierten kannte. Durch die Drehtür kam ihm tatsächlich Karajan entgegen, wie bestellt. Er erschrak, dachte: wer wird mir das glauben, hinterher? So ein Glück! Der Mann sah markant, jugendlich federnd, dabei sehr ergraut aus. Ein sportlicher he-man, der sich mit souveränem Druck durch die Drehtür in den Dreck hinaus drehte, schnittig in jeder Bewegung, dabei sehr sensitiv. Man merkte gleich: ein Künstler, etwas Feineres. Und an der Reception, das war auch wie bestellt, stand Gunter Sachs – natürlich. Es war wie ein schlechtes Bühnenstück: alles zu glatt, zu gut. Der Kerl holte sich beim Portier seine Post. Zu solchen kleinen Arbeiten sind offenbar auch Playboys bereit, mitunter. Gunter Sachs wirkt natürlich nicht so sensibel, auch nicht so künstlerisch wie Karajan, aber macht doch unter all den Playboys am Ort eine gute Figur. Im Gesicht hat er die zusammengezogene Aggressivität eines Adlers, oder war es nur die eines Hahns unter all den Hühnern? Die Frauen in Duisburg und Hildesheim können sich auf jeden Fall darauf verlassen: Gunter Sachs sieht exakt so aus wie im ›Stern‹ – nur etwas älter.

Und dann kam wieder das, was er schon aus den großen Häusern in Montreux oder Baden-Baden kannte: er leistete sich einen Lunch im Grandhotel – sagt man nicht so? Es umschwebten ihn zahllose weiße Libellen vom niederen Rang, schlanke Epheben, die Tücher auflegten, Gläser wechselten, Stühle aufmerksam rückten, blinkende Kleinwagen heranfuhren: zuvor ein Drink, der Herr? Der Ober reichte die Speisekarte, die die Größe und Gewichtigkeit eines Staatsvertrages vermuten ließ. Der Fremde begriff die Ränge, die feinen, strengen Unterschiede der Hierarchie. Er unterschied zwischen Kellnern im Frack und solchen im Smoking. Er sah die verschiedenen Dienstleistungen derer, die eine weiße, und jener, die eine schwarze Fliege trugen. Und er aß dabei Artischocken und Schnecken, dann Chateaubriand; das kannte er gerade noch. Das meiste war ihm zu fremd. Er nippte am Schweizer Rosé, ging dann aber auf Weißwein über, französisch, dann deutsch. Ein Mosel war auch hier noch das Beste. Hinterher gab es köstlich gelierte Früchte. Sie klebten das Ganze zu.

Dann sank er, erschöpft und ermüdet, in die schweren Sessel des ›Palace‹ zurück. Er hätte jetzt schlafen können. Er sah über den Moritzsee, auf dessen verschneitem Eis schlanke, braune Pferde nervös galoppierten. Ihre Beine tänzelten wie die von Ballerinen. Er dachte wieder an die vereiste Paßfahrt, an all die Abgründe, und wie er schließlich hier heraufgekommen war ins Paradies. Zauberberg, dachte er: Davos oder St. Moritz, da ist doch kein Unterschied: alles von Thomas Mann, alles schon einmal beschrieben, also fertig, passé, nur noch Lesestoff. Alles so föhnig und von der makabren Aufgekratzheit Settembrinis. Er atmete schwer – auch beim Bezahlen.

Pontresina hatten sie ihm alle vergrault, zuvor. Sie hatten gesagt zu Hause: Passé, vorbei, das geht doch nicht mehr, das war einmal etwas in den zwanziger Jahren, als Samuel Fischer mit seinen Autoren hinkam, und dann all die Mannheimer Juden, damals. Pontresina ist außerdem viel zu schattig. Pontresina ist einfach zum Kotzen, hatte er bei Max Frisch gelesen. Er liebte diesen Ort, auch seine Schatten. Vom Bahnhof aus sah man ihn liegen, ein langes schmales Straßendorf, das in die Felsen waagerecht geschlagen schien, hängend auf halber Höhe wie ein Lineal. Natürlich kein Dorf, sondern ein Kurort, auch mit einigen Hotelpalästen, auch mit ein paar Gralsburgen bestückt, aber doch nicht so gewaltsam, nicht so mondän, nicht so steinreich wie St. Moritz. Pontresina war nicht beleidigend. Es war kein Skandal für das soziale Gewissen. Man kann mitten im Ort noch im Schnee stapfen. Man ist nicht ausgesperrt aus der Natur, sondern mitten drin. Skifahrer schlurfen durch die eine Straße, rutschen von Geschäft zu Geschäft. Kinderschlitten dazwischen. Kinder quollen aus Postomnibussen, alle in grellrote, grellblaue Skijacken verpackt. Sie drängten, sie quirlten, sie schnatterten durcheinander, ein ländliches Kauderwelsch, das an ein verkommenes Lateinisch erinnerte. Die Sprache, so schien es ihm, war hier zu früh und zu tief im Hals stecken geblieben. Sie röchelte in der Kehle und kam nicht heraus, nicht in den Mund. Rätoromanisch ist lateinisches Rachenröcheln, dachte er.

Die Abende von Pontresina; er wußte, sie würden bleiben, später einmal, in der Erinnerung. Die blaue Stunde ist hier wirklich noch blau. Es senkt sich so kurz vor sechs am Nachmittag ein schweres Blau über den Ort, das müde macht. Sterbelicht, Licht der Besinnung, Abschiedslicht, etwas mit Grau schon vermischt, manchmal für Augenblicke sich rötlich, also violett verfärbend, aufflackernd. Das ist die Zeit, in der sensible Seelen plötzlich zu Drepressionen, zu ungewöhnlichen Todesgedanken neigen. Falltiefen, in solcher Höhe. Das Licht geht dahin, und etwas will mit, will mituntergehen, will auch verlöschen, – bei sensiblen Seelen, nicht bei ihm.

Für ihn war das Whiskystunde, seine Zeit. Er saß nachdenklich am Fenster, er genoß das Sterben draußen, das Todesgefühl und hielt das Whiskyglas in der Hand. Es klirrten und klikkerten die Eiswürfel im Glas, wenn er es hob, ansetzte. Er schluckte. Er spürte das scharfe Zeug den Hals hinunterrinnen, in den Magen eindringen. Er spürte, wie sich Wärme, Kraft, Zuversicht im Körper auszubreiten begannen: Wohligkeit. Er nahm deutlich wahr, wie sich irgendwo tief innen jetzt Zellen öffneten, Kanäle aufschlossen, Stauungen lösten, wie sich alles entkrampfte und locker zu strömen begann. Es wurde stark und stramm – im Fleisch. Es überfiel ihn eine neue, spirituelle Art von Sinnlichkeit: Körperlust, vergeistigt. War das die Kälte draußen? Er spürte dann später, wie das scharfe Zeug ins Gehirn eindrang, es erst frei und stark, dann aber bald auch schwebend-euphorisch machte. Höhenglück im Haus, Glück der Befreiung, leichte Rauscherfahrung, ganz zart und leicht, rauchzart, ach, nur ein Anflug von Rausch. Er wußte: nur das erste Glas schafft so zarte und schöne Verwirrung, so klare

Illusion. Vielleicht noch ein zweites Glas, mehr nicht. Der Rest ist Suff.

Danach, wenn es dann dunkel war, ging er noch einmal durch den Ort, der jetzt knirschte und klirrte vor Frost. Er sprühte. Pontresina war ein Lebkuchendorf. Alles wie vom Bäcker, der Herr Frost hieß. Alles sah jetzt ganz puppig, verschnörkelt und lustig gebacken aus, warm in der Kälte. Nennt man das nicht heimelig? Also Ofengefühle? Es sah aus wie Nürnberg, nach Graubünden verrückt. Die Schindel der Dächer tief heruntergedrückt. Sie saßen den Häusern auf wie Mützen, tief ins Gesicht gezogen. Skimützen. Das mit den Mannheimer Juden war wahr. Die gab es nicht mehr, nicht mehr hier jedenfalls, aber Deutschland war doch geblieben. Man sah es überall. Vor all diesen Arven- und Bündnerstuben parkten jetzt Autos, ihre Mercedes, überall. Sie standen schwer und kastig und etwas drohend vor diesen puppigen Häusern. Die deutschen Autos strahlten Wohlstand, Glanz und eiligen Stolz aus und schienen alle zu sagen: wir sind wieder wer, seht Ihr denn nicht unseren Stern? Wir sind wieder da mit unserem Stern, dem guten Stern auf allen Wegen, und sind nicht mehr irgendwer. Wir sind wieder wer. Wer eigentlich? Sind wir die Heiligen Drei Könige vielleicht? Das Wintermärchen? Sie waren übrigens alle aus München, die Sternfahrer Pontresinas.

Schließlich und endlich gab es hier die Schweizer, natürlich. Welch ein Volk, welch eine fremde Gesellschaft, so nah und fern zugleich. Das meiste begriff er nicht. Ihre Sprache, auch die unten im Tal, war so schwer, so lastend und von altväterlicher Genauigkeit. Sie reizte ihn in ihrer rustikalen Pedanterie manchmal zum Lachen. Warum denn alles so wunderlich? Im deutschsprachigen Fernsehen hatte er ganz neue Worte gelernt. Ehrenwerte Politiker aus den Kantonen hatten ernst und besonnen und mit leicht apoplektischem Schädel über die Rechtstellung des ›Landermanns‹ diskutiert, unter besonderer Berücksichtigung des Departements. Was war das – ein Landermann? Er hatte gelesen, daß einer, der sich gegen die Sittlichkeit vergeht, hier ein ›Unzüchtler‹ genannt wurde, und mußte natürlich lachen. Dann wurde immer von dem ›Erfolgsschriftsteller‹ berichtet, der zu Gefängnis verurteilt war. Es hieß, er habe keine weiße Weste. Mit Heiterkeit sah der Fremde immer das Abendmagazin des Schweizer Fernsehens ›Antenne‹ und erfuhr viel Aktuelles: Neues über Skibindungen, Kadaververwertung, Curling-Bahnen und über die Wiedervereinigung beider Basel. Eine Stadt, offenbar geteilt wie Berlin? Er hatte es nie bemerkt. Nach so ernsten und gewichtigen Problemen ging man zum Schluß immer auf Heiteres und ›Kunscht‹ über. Man wurde, wie der Ansager verkündete, ›racht poppig‹ und zeigte Frivoles und Jüngstes aus Zürich und Bern. Merkwürdig, wie auch die Zwanzigjährigen hier altväterlich wirkten. Ein reiches, wunderliches Bauernvolk, und so betulich.

Eines Abends hatte er eine lange Diskussion zwischen der APO und dem Establishment gesehen, übertragen aus Zürich. Die Herren vom Bund aus Bern wirkten wie handgeschnitzte Bankdirektoren. Sie sprachen, wie bei uns früher die Herren in den Evangelischen Akademien, viel von Verzweiflung, Ratlosigkeit und der geistigen Not der Jugend, die aber auch ihre fruchtbaren Seiten habe. Man wisse das, sei doch auch einmal jung gewesen.

Aber als dann ein Langhaariger, so ein ›racht poppiger‹ Junge aufstand und der Versammlung nicht ohne soziologische Verschlagenheit erklärte, daß ›Tall‹, er meinte den Schillerschen Tell, im Grunde nur ein Agent des feudalen Großgrundbesitzes gewesen sei, man müsse endlich einmal den Rütlischwur in seiner Klassenstruktur durchschauen – da ging ein leises Zittern durch die Eidgenossenschaft. Man sah große, ratlos-verängstigte Augen: was war denn das? War das der Kommunismus? – Hinterher gab es die Wetterkarte: Alpensüdseite und Engadin sonnig. Gott sei Dank.

Etwas hatte ihn getroffen, verwirrt, verzaubert – lauter kitschige Worte, das wußte er. So wird man sich langsam fremd in der Fremde; man entfernt sich vom guten Grund. Etwas hatte ihn hochgerissen und beinah krank gemacht – vor Schönheit: Sils Maria. Er fuhr wieder auf Pudding durch hohen Schnee, durch Eis, es tanzten die Flocken: Celerina, St. Moritz, Silvaplana: alles heller, hoher Silberklang. Die schmale Straße am See zum Majolapaß, die weißen Spitzen des Piz Corvatsch. Dann? Ja, dann muß man eben links ab, wenn man es erleben will. Die Stille, die Unverbrauchtheit, das glitzernde Licht von Sils empfing ihn. Es klirrte die Kälte: 28 Grad. Es sprühten die Berge. Er spürte wieder die kleinen Batterien in sich arbeiten, die sanften elektrischen Schläge der Höhe. Es fiel Strom von den Bergen, lag in der Luft. Strom, der ihn schlug, der sagte: wir schubsen dich jetzt: höher, immer höher mit dir, jetzt ganz nach oben! Der tiefblaue Himmel, vollkommen blank geputzt – daß es so etwas gab im Winter? Es hing eine weiße, scharfe Sonne darin, die fast den Duft von Hanauer Höhensonnen verbreitete.

Sils Maria, das ist etwas, was eigentlich nicht mehr beschreibbar ist. Es ist ein Licht, das blendet, schwerelos, schwebend macht. Der Fremde begriff im firnigen Licht der Gletscher, daß hier Psychosen ausbrechen können, irre Träume der Größe, heroischer Schein, Heroin. Er begriff Nietzsches Rausch der Einsamkeit hier, die Gestalt Zarathustras, diese Vision des Übermenschen, der hier irgendwo hausen mußte. Eine Phantasmagorie der Höhe: deutsche Verstiegenheit, gebürtig aus Sachsen, aus Thüringen. Hier in diesem winzigen gelben Haus, das unschuldig hinter mächtigen Schneehaufen schlief und ›Nietzsche-Haus‹ hieß, es sah wie ein Kutscherhaus neben dem mächtigen Hotelpalast aus, – hier also hatte er es ausgebrütet in seiner Verlassenheit: den Übermenschen. Man verstand das hier. Und man verstand, wie das später fiel, rutschte, kippte, zusammenbrach und gebar: den Untermenschen.

Dann waren sie ins Fextal hinaufgewandert: kurzatmig, mühsam, munter trotzdem. Höher, immer höher in eine strahlende, blendende Schwerelosigkeit hinein. Als sie ganz oben waren, noch hinter dem Hotel ›Sonne‹, ergriff ihn eine alberne und törichte Heiterkeit: fröhliche Wissenschaft. Er sagte plötzlich: ich steige, ich schwebe, ich fliege. Ich fliege jetzt weg. Er wurde auf eine unerträgliche Weise kitschig und sagte: es gibt Orte ohne Wiederkehr. Er sagte: Sils Maria – es gibt kein Zurück.

Im Staat der Juden

Reisetagebuch aus Israel

Rückblickend blieben vor allem Bilder, nichts als Bilder. Der Reisende erinnerte sich an den ersten Abend in Tel Aviv. Er war etwas enttäuscht von den flachen, niedrigen Häusern der Stadt, den schmalen, altmodischen Läden, den wenigen Menschen auf der Ben Yehuda Street. Der Reisende erinnerte sich an Beersheba, die Wüstenstadt. Den Nachmittag war er in der Innenstadt durch den Beduinenmarkt gelaufen, ein exotisches, uraltes Stück wie aus Tausendundeine Nacht: Zelte, Kameltreiber, Wüstensöhne. Draußen am Stadtrand, gleich neben seinem modernen Hotel, war er in eine Nebenstraße geraten. Plötzlich war alles wie zu Hause, wie in Deutschland, fast wie in Berlin-Eichkamp.

Er ging durch zierliche, schmale Bürgerstraßen: Zweifamilienhäuser. Väter, die im Vorgarten Rasen sprengten, Mütter, die nach ihren Kindern riefen: David und Rachel, die spielten Hopse draußen. Der schwarze Himmel der Negev-Wüste darüber. Feierabend: dann schreien immer Kinder in Israel. Er sah in die Fenster. Ein rothaariger Junge saß an einem Eßtisch über Papier gebeugt und schrieb. Bücher, überall in den Wohnungen hier hohe, moderne Bücherregale an den Wänden. Er erinnerte sich an die Sonnenuntergänge in Eilat. Die

Sonne geht über der Wüste Sinai im Winter etwa um 16.30 Uhr unter. Er saß immer am Hotelfenster und spürte, daß dies der große und feierliche Augenblick der Wüste war. Ist die Sonne hinter den Bergen versunken, dann beginnt der Himmel noch einmal zu flammen, von unten rot aufzuleuchten. Zunächst orange, dann blutrot, dann violett und dann verfärbt er sich rasch in ein fades Grau, und ganz plötzlich ist pechschwarze Nacht eingefallen.

Er erinnerte sich an die Frau in Tiberias. Er hatte bei ihr einen Kaffee bestellt, dabei kam man ins Reden. Die junge Frau, schwarz, graziös, noch Ende Dreißig mädchenhaft zierlich geblieben, war beim Reden plötzlich wieder ein Kind geworden, war beim Abstellen der Kaffeetasse wieder das Mädchen von damals, blieb störrisch und einsam vor ihm stehen und sagte immer wieder mit traurigem Trotz: »Ach, niemand hat mir damals geholfen, alle haben doch zugesehen, alle«. Sie sagte das so, als wenn sie hinzufügen wollte: Sie doch auch, mein Herr. Der Reisende dachte, sie muß damals zehn oder elf Jahre gewesen sein, und ging. Er erinnerte sich an die vielen Liebespaare im Land: in Jaffa, Netanya, in Jerusalem. Sie waren unglaublich verspielt und zärtlich und fast etwas schamlos in Israel. Das gefiel ihm, ein Volk, das die Liebe liebt, ein Volk ohne Christentum – das schien ihm gut. Er erinnerte sich an die vielen Friseurläden in Haifa, wo ältere Damen in langen Reihen unter Blechhauben saßen, der Dauerwellen wegen. Lauter Jüdinnen, hier war das ganz normal und natürlich. Alle waren in Israel jüdisch. Das mußte man auch erst lernen.

Jerusalem: er hatte noch das Geratter so vieler Bulldozer im Kopf. Irgendwo wurden hier immer Mauern eingerissen, Felsblöcke zerschlagen, Steine weggeräumt. Traktoren und Mischmaschinen dazwischen. Die Araber standen daneben, reglos. Nur die große, grüne Perlenkette glitt lautlos durch ihre Hände. Auf den Straßen donnerten die schweren, alten Omnibusse. Man spürte die unglaubliche Energie und Kraft, zu ändern, anzufangen, Ordnung in ein Stück des Orients zu bringen. Das Benzin der Autos ist ungereinigt wie das Sowjetbenzin. Die Abgase riechen süßlich wie im Sozialismus. Aufbau – das riecht überall gleich in der Welt. Er dachte auch an die Busfahrt nach Sde Boker, dem Kibbuz Ben Gurions. Der Busfahrer nahm die steile Wüstenstraße in einem verwegenen und mörderischen Tempo. Der Wagen tanzte und flog dem alten Staatsgründer entgegen. Es war wie ein donnernder Staubritt über Wüstenpisten, und jede volle Stunde stellte der Busfahrer pünktlich zum Gongschlag das Radio ein. Hier wollten die Leute noch Nachrichten hören, jede Stunde. Kol Israel sprach in den dunklen gurgelnden Lauten des Hebräischen von der ›Frankfurter Allgemeinen Zeitung‹ und von de Gaulle. Kol Israel, so ließ er sich später übersetzen, zitierte um zwölf Uhr Mittag einen Leitartikel aus Frankfurt, in dem die mächtige deutsche Zeitung heute morgen den General antisemitischer Äußerungen wegen getadelt hatte. Hinterher kam ein Schlager, den jeder kennt, ein Schlager von Klasse, hätte Benn gesagt. Er klang im Bus viel ernster als sonst aus der Musikbox. Sentimentalität ist ja oft ganz nahe an der Wirklichkeit. »Bei mir biste scheen, please let me explain...« Auch das war ihm in Erinnerung geblieben: Israels Busgedonner, sein Wüstenstaub, die ›Frankfurter Allgemeine Zeitung‹ und dieser Schlager dazu. Was heißt denn hier schön, dachte er? Please let me explain.

Das alles, und manches mehr, hatte er von dieser Reise mitgebracht. Leuchtende, sonnige, strahlende Bilder, und trotzdem: er zögerte. Die Reise hatte ihn verwirrt und ratlos gemacht – er wußte nicht wie. Irgendwo war er wie ein Schüler in seiner Rechenaufgabe hängengeblieben. Es gab in dieser Aufgabe mehrere Unbekannte, die lösten sich nicht. Er bewunderte die Bundesdeutschen, all die Journalisten, Reporter und Fernsehleute, die mit glänzenden Augen und klickenden Kameras durch das Land zogen, knipsten und drehten; für das Erste, das Zweite, das Dritte. Er erinnerte sich an den Radioreporter aus Berlin, der, sechzigjährig, weißhaarig, im Presseamt in Tel Aviv immer so atemlos beschwörend ins Telefon gerufen hatte: »Nein, glauben Sie mir doch, da hängen sich doch alle dran! Das ist doch nicht nur für uns! Hören Sie doch: da ziehen alle deutschen Sender mit – natürlich.«

Der Mann wollte Ben Gurion für den Schulfunk interviewen und rief, als er den Reisenden sah, mit der etwas senilen Frische der Sechzigjährigen: »Hallo, mein Lieber, daß wir uns hier treffen, wir sind morgen beim Alten bestellt.« Und war dann blitzschnell verschwunden.

Alle Deutschen schienen ihm in Israel immer so atemlos, – atemlos, alles schön zu finden. Ihm lag das nicht. Alle Deutschen schienen hier so sicher und vertraulich zu sein, kannten sich aus, gingen überall ein und aus wie gute alte Bekannte. Auch das lag ihm nicht – als Deutschem. Er war auf eine schwierige und verzwickte Gesellschaft gestoßen. Das meiste begriff er nicht. Es lag wohl doch zu weit weg: viertausend Jahre weit. Er hatte es gesehen, staunend wahrgenommen, einiges begriff er, aber das meiste nicht. Ein Gefühl von Fremdheit war auf der Reise geblieben. Schon in Tel Aviv hatte er mit Notizen begonnen. Er hatte in sein Tagebuch geschrieben:

Wer eine Stadt kennenlernen will, muß sie sich immer noch erlaufen. Autos taugen für Neugierige nicht. Ich bin also den ganzen Tag durch Tel Aviv gelaufen. Ein gelbliches, bräunliches Meer von flachen Landhäusern mit ein paar enormen Hochhäusern dazwischen: das neue Schalom-Warenhaus, der Turm von EL AL, das Hilton-Hotel: in ihrer hochmütigen Gebärde drücken sie die Stadt noch flacher zusammen – wie einen Pappkarton. Israels Frankfurt am Main hatte man mir gesagt. Das stimmt, was die Wirtschaft betrifft: die Banken, Versicherungen, Reisebüros und Fluggesellschaften sind hier zu Hause, nur muß man sich alles viel kleiner, viel bescheidener vorstellen. Israel ist ein armes Land, so scheint es wenigstens. Ein Land, das am Anfang, im Aufbau, noch ganz in der Entwicklung steht. Eine Volksdemokratie ohne Sozialismus könnte man sagen. Alle Entwicklungsländer haben gewisse Gemeinsamkeiten: strahlende Neubauten, aber daneben gleich zerfallene Hütten, Reste von Elendsquartieren. Auf Tel Avivs Mittelmeerstraße fiel mir dieses Stadium aller jungen Staaten besonders auf. Gleich hinter dem strahlenden DAN-Hotel stößt man am Strand auf verkommene Wohnhäuser, wahrscheinlich die Reste arabischer Siedlungen?

Das Verzwickte an Tel Aviv scheint mir zu sein, daß es sich ganz modern, ganz europäisch gibt, aber doch den Geschmack des Orients nicht ganz wegwischen kann. Die Macht der Erde. Zwischen all den Autotypen aus Frankreich, zwischen den unzähligen Verkehrsampeln aus Deutschland, riecht man Moschus, Ambra, Knoblauch. Ich sah ein Möbelgeschäft; von der Straßenfront modern, elegant wie in Düsseldorf oder Frankfurt: skandinavische Wohnkultur in den Fenstern. Ich trat durch die Autoausfahrt in das Hofinnere: da öffnete sich plötzlich ein orientalischer Garten: Palmen, Kakteen, Mittelmeer-Vegetation, Grillen zirpten, die Luft ist weich und mild und riecht süßlich: Arabien.

Es gibt hier eine City, die in den Abendstunden durchaus großstädtische Züge zeigt. Die Dizengoff-Street, die Frishmann-Street; viele kleine Cafés, Espressobars, Parfümerieläden, Buchhandlungen. Wenn man eintritt, spricht einen ein älterer Herr in freundlichem Deutsch an, ob man die neuen Kafka-Briefe, die letzte Benjamin-Ausgabe oder den ›Spiegel‹ haben wolle? Die deutsche Kultur ist hier stark vertreten. Aber das Stück spielt im Vorderen Orient, in Palästina, in Israel. Wüstensand rinnt dazwischen. Steht man draußen mit seinem Kafka, so fegt plötzlich der Sandsturm der Negevwüste durch die Blätter. Israel? Ein heißes, helles, hartes Land, irgendwo zwischen Asien und Afrika. Man muß sich erst daran gewöhnen, daß hier die Juden zu Hause sein sollen. Wieso eigentlich? Das ist eine lange Geschichte, die ich nicht klären werde. Mein erster Eindruck jedenfalls war: schade, so weit weg – und im Orient.

Zu Hause, hinterher, später hatte der Reisende diesem Gefühl der Fremdheit nachgeforscht. Es bestürzte ihn, seine deutschen Kollegen so vergnüglich und vertraut durchs Land reisen zu sehen. Ihm gelang das nicht. Was war das? Bei dem Schriftsteller Elias Canetti hatte er einen ersten Hinweis gefunden. Er las: »Kein Volk ist schwieriger zu begreifen als die Juden. Sie sind über die ganze bewohnte Erde verbreitet, ihr Stammland war ihnen verloren. Ihre Fähigkeit zur Anpassung ist berühmt und berüchtigt, doch der Grad ihrer Anpassung ist ungeheuer variabel. Es gibt unter ihnen Inder, Spanier und Chinesen. Sie tragen Sprachen und Kulturen von einem Land ins andere mit sich und hüten sie zäher als Besitz. Narren mögen von ihrer Gleichheit überall fabeln; wer sie kennt, wird eher zur Meinung neigen, daß es unter ihnen viel mehr verschiedene Typen gibt als unter jedem anderen Volk. Die Variationsbreite der Juden in Wesen und Erscheinung gehört zum Erstaunlichsten, das einem unterkommen kann. Die populäre Sage, daß es unter ihnen die besten wie die schlechtesten Menschen gibt, drückt die Tatsache auf naive Weise aus. Sie sind anders als die andern. Aber in Wirklichkeit sind sie, wenn man so sagen könnte, untereinander am meisten anders.«

Als Tourist muß man sich an Verschiedenes hier erst gewöhnen. Schabbat zum Beispiel, das hatte ich mir so streng nicht vorgestellt. Also: Präzis bei Sonnenuntergang an jedem Freitag erstirbt hier im Hotel ›Deborah‹ jeder Service. Heute in Tel Aviv um 16.40 Uhr, wie die Zeitungen melden. Sie legen ein rituelles Deckchen an der Reception aus. Das heißt: Feierabend. Es wird keine Kasse, kein Telefon, kein Journal, kein Ankömmling mehr bedient. Schabbat: Ruhe, wirkliche Ruhe ist das: relax yourself, die große Entspannung; niemand faßt mehr etwas an. Sie haben den üblichen Lift, der zwölf Stockwerke bedient, abgeschlossen und einen Schabbatlift in Gang gesetzt. Er funktioniert vollautomatisch wie ein Paternoster. Die Knöpfe zum Drücken sind im Inneren mit einer Plastikfolie sorgfältig abgedeckt. Sie lassen das Licht hier die ganze Nacht brennen oder rufen Ungläubige zu Hilfe, den Schalter abzudrehen. Die Männer im ›Deborah‹ tragen jetzt alle schwarze Käppchen auf dem Hinterkopf, manche haben sich über den dunklen Anzug einen kurzen weißen Überhang gelegt, der mich an etwas ärmliche Meßgewänder erinnert. Gebetbücher in den Händen. Manche Frauen tragen Perücken. Die Kinder in feinem Sonntagsstaat lärmen wie immer. Aus der Synagoge im 2. Stock ist Gemurmel und vereinzelt Gesang zu hören.

Die Tel Aviver, die ihn in diesem orthodoxen Hotel besuchten, blickten erstaunt und verblüfft auf diese fromme Gemeinde, die hier geduldig auf ihren Schabbatlift wartete. Der klingelte langsam durch zwölf Stockwerke. Und alle trugen schwarze Hüte. »Ach«, sagten sie unwirsch, »fallen Sie doch nicht darauf herein! Das sind doch nicht wir, – ich bitte Sie! Das sind doch unsere amerikanischen Brüder, die uns in Frömmigkeit immer übertreffen wollen, weil sie nicht nach Israel ziehen. Da wollen sie uns als Besucher immer zeigen, was jüdische Sitte ist.«

›King David‹. Ich habe heute in Jerusalems vornehmstem Hotel zu Mittag gegessen. Hier regierten früher die Engländer, manchmal ging hier auch eine Bombe hoch. Heute kann man hier Mosche Dajan und andere Minister ein- und ausgehen sehen. Für mich als Neuling war es noch etwas kompliziert, mich zurechtzufinden. Ich wurde im Empfang zunächst gefragt, ob ich den vegetarischen oder den koscheren Speisesaal besuchen wolle. Mich verwirrte das. Etwas ratlos entschied ich mich für den koscheren. Bei der Bestellung gab mir der Kellner streng zu verstehen, daß ich meine Zigarre ausmachen solle. Tatsächlich stand da ein Schild an der Wand: It's not allowed to smoke at Saturday! Der Kellner legte mir nahe, ob ich nicht beim Essen einen Hut aufsetzen wolle, – man schätze das hier. Das koschere Essen ist vortrefflich; scharf, würzig, gar nicht fettarm. Koscher ist nicht nur das Verbot von Blut und Schweinefleisch, wie ich dachte. Es betrifft vor allem die radikale Trennung von Milchprodukten und Fleischprodukten, eine schwierige und subtile Sache vor allem schon für die Köche beim Zubereiten. Bereits die Auswahl der Töpfe und Pfannen ist streng rituell zu handhaben. Entsteht hier eine Verwechslung zwischen Milchigem und Fleischigem, so ist der Topf unrein, und alles muß noch einmal von vorne beginnen. Ich muß das erst langsam lernen. Ich machte zum Beispiel den Fehler, mir beim abschließenden Kaffee ein Tröpfchen Milch zu erbitten. Der Kellner weigerte sich. Einen Augenblick sah er mich mit merkwürdig angstvollem Ausdruck an: ob ich denn vergessen hätte, daß ich zuvor Hammelfleisch gegessen hätte? Ich müßte jetzt mindestens sechs Stunden warten – mit Milch.

Den Reisenden erstaunt es nicht, daß es das gab. Überall wo man hinkommt, gibt es andere Sitten, und nichts ist ehrwürdiger als ein frommer Brauch. Es erstaunte ihn, diese Sitte hier als Staatsgesetz vorzufinden – verbindlich für Gläubige und Ungläubige, sogar für Touristen aus Deutschland. Er war in eine moderne und aufgeklärte Gesellschaft geraten, er war jetzt in einer sehr offenen und liberalen Demokratie – das hatte er sofort gespürt –, über der aber dennoch Teile einer uralten Theokratie herrschten. Eine ungewöhnliche Freiheit der Bürger gab es hier, aber zugleich auch Zwänge, Tabureste, die streng beachtet wurden. Dem Jerusalemer Oberrabbinat oblag zum Beispiel die Kontrolle der Fleischerläden und der Küchen in Hotels und Restaurants. Oder die Liebespaare, die lebten hier wirklich frei, aber wenn sie dann heiraten wollten, war das nur rituell vor dem Rabbiner möglich, was ganz neuartige Probleme schuf, wenn junge Einwanderer aus sozialistischen Ländern heiraten wollten. Auch war die Ehe zwischen Juden und Nichtjuden streng verboten. Das erinnerte den Reisenden an die Nürnberger Gesetze, beinah. Die Verwikkeltheit dieser neuen Gesellschaft war damit nicht erschöpft. Es galt zu verstehen, daß es neben diesen Orthodoxen, die trotz ihrer Minderheit einen beträchtlichen Druck auf die liberale Gesellschaft ausübten, zugleich Ultra-Orthodoxe gab, die nun wieder diese Orthodoxen, ja, den ganzen Staat Israel verneinten.

Ich bin heute in Mea Schearim gewesen. Eine märchenhafte, phantastische Welt, wie eine Theateraufführung. Ich bin immer wieder stehen geblieben, erstaunt, verblüfft, fragte mich: träumst du auch nicht? Daß es so etwas noch gibt – im 20. Jahrhundert. Hier lebt im Nordosten Jerusalems die Sekte der Neture Karta, der ›Schützer der Stadt‹. Sie kommen aus Osteuropa, wo sie sich im 16. und 17. Jahrhundert ansiedelten. Denn eigentlich kamen sie aus Deutschland, aus Nürnberg und Umgebung. Diese Zeit, diesen Stil haben sie streng gewahrt. Die Männer tragen alle die Kleidung des Hans Sachs und sprechen ein Jiddisch, das in seiner Mischung aus Mittelhochdeutsch mit etwas Hebräisch, etwas Slawisch noch immer gut verständlich bleibt. Die Männer haben einen langen, schwarzen Rock an, darüber einen glänzenden, feinseidenen Kaftan mit Gürtel, seidenweiße

Strümpfe mit Lackschühchen, auf dem Kopf tragen sie einen breiten, kostbaren Pelzhut. Und wenn sie sprechen, klingt es eben fast wie die Meistersinger von Nürnberg. Am Schabbat stehen sie hier in kleinen schwarzen Gruppen zusammen, reden, diskutieren, lesen in Gebetbüchern, kommen aus Synagogen, gehen in Synagogen. Der flache, braune Pelzhut sieht wie ein riesiges Wagenrad aus, das jeder kunstvoll und stolz auf dem Kopf balanciert. Ihre Gesichter: ich habe so etwas Zartes, Fremdartiges und vollkommen Vergeistigtes bei Männern noch nie gesehen. Die Haut ist schneeweiß und von mädchenhafter Weichheit, vollkommen transparent, trotzdem spürt man einen rätselhaften männlichen Willen und Intellekt am Werk. Man könnte sagen Asketenhaut, Theologenhaut, papierweiß geworden vom immerwährenden Studium der Bibeltexte, aber das Faszinierende ist, daß sie auch bei den älteren Männern nicht verdorrt, vertrocknet, eingefallen ist oder vom Fett des Zölibats aufgeschwemmt ist wie bei christlichen Theologen. Die Gesichter sind erfüllt von dem kalten und bleichen Glanz vollkommen introvertierter Rechtgläubigkeit. Sie lesen. Sie gehen keiner Arbeit nach, zahlen dem Staat keine Steuern, verweigern ihm jede Mitarbeit. Ein ganzes Leben lang lesen sie in der Thora, dem Talmud, in ihren Gebetbüchern; schon seit Jahrhunderten lesen sie der Wiederkunft des Messias entgegen. Sie bekämpfen den Staat, der dieser Wiederkunft ungläubig vorgegriffen hat. Es sind die Anarchisten des Alten Bundes. Manchmal werfen sie mit Steinen, wenn ein israelischer Wagen am Schabbat durch ihre Straßen fährt, manchmal spannen sie ein Seil über die Straße, um die Missetäter, die Jahwes Gebote schänden, an Ort und

Stelle zu strafen. Ernährt werden sie von ihren Glaubensbrüdern in Amerika. Auch ihr Oberrabbiner sitzt in New York. Er würde den Staat Israel nie betreten.

Das alles erstaunte und verwirrte den Reisenden. Dies war ein rätselhaftes und schwieriges Land, »untereinander, wenn man so sagen könnte, am meisten anders«. Natürlich gab es zugleich auch andere Jugend. Er war ihr auf der Herzelstraße in Haifa, in den Cafés und Kinos von Tel Aviv und Jerusalem immer wieder begegnet. Er hatte sie manchmal im Auto auf der Landstraße mitgenommen: die Sabras, wie man hier sagte, die junge Generation, die schon im Land geboren war. Sabras, Kakteenfrüchte: außen stachlig, innen süß. Die waren wieder anders: naturhaft, derb, braungebrannt und ein wenig ungebildet, wie ihm schien. Sie sagten ›Schalom‹ und legten ihr Schießgewehr auf die Knie: im Auto, im Café, im Kino – zu weiteren Aussprachen waren sie nicht geneigt. Bei den bleichen Mystikern von Mea Schearim war ihm die unendlich verfeinerte und hochritualisierte Höflichkeit aufgefallen, sie begrüßten sich untereinander wie Könige. Die hier glichen eher jungen Wilden, salopp, drahtig, wortkarg und herzlich unreflektiert. Sie hatten die Last ihrer Eltern abgeworfen, wollten weder von Auschwitz noch von den Vereinten Nationen etwas wissen. Einmal war er mit ihnen ins Gespräch gekommen. Sie sagten nur: »Ach, hören Sie doch auf mit der Weltpolitik. Was interessiert uns das? Hier sind wir, hier bleiben wir – tot oder lebendig. Hier schlagen wir uns durch – lebendig oder tot. Aus, Schluß, Ende.« In Eilat am Roten Meer war der Reisende aber wieder auf eine andere Jugend gestoßen.

Eilat allein ist eine Reise wert: das Florida, das Miami

Beach von Israel – nur winzig. Ein Dorado der Jugend, die das Abenteuer sucht. Es regnete in Galiläa; es war kalt und neblig in Syrien. »Fliegen Sie nach Eilat«, sagten alle, die mich frieren sahen. »Da haben Sie garantiert Sommer: 365 Tage im Jahr.« Sie haben nicht übertrieben. Als die Maschine über dem Roten Meer drehte, und nach Eilat einschwebte, spürte ich, wie wir plötzlich in den Sommer eintauchten. Es wurde ganz hell, ganz weiß – und richtig heiß in der kleinen Sportmaschine. Die Leute sprangen auf wie von der Sonne gestochen. Beim Aussteigen schlug einem die Hitze der Negevwüste entgegen. Dicke Mäntel, dicke Pullover und Regenschirme am See Genezareth. Alles wird abgeworfen. Hier stehen die Leute in kurzer, weißer Hose, in Polohemden und Tennisschuhen, Strandatmosphäre: Sonnenschirme, Sonnenbrillen, Liegestühle, der Geruch von Nivea – das ist offenbar auf der ganzen Welt gleich.

Ich bin eine Woche in Eilat gewesen. Die Stadt ist pure Jugend; erst 1952 wurde sie auf dem Nichts der Wüste begründet. Eine Mischung aus Kriegshafen, Badekurort und Pionierstadt: Meerwasserentsalzung wird hier geübt. In Glasbooten kann man die tropische Fauna des Meeresgrundes besichtigen. Hochzeitspaare verbringen hier ihre Flitterwochen. Europas und Amerikas Beatniks hausen am Strand. Ein winziger Zipfel, wo Jordanien, Saudi-Arabien und Ägypten direkt an Israel grenzen. Überall in den Straßen ein Hinweisschild, das mich interessierte: »The end of the world-Club.« Es tröstet, am Ende der Welt noch einen Club zu finden.

Die Stadt selbst ist ein Muster israelischer Kolonisation: intelligent, praktisch, futurologisch angelegt. Aus dem Gelbbraun der kahlen Negevberge erheben sich große, weiße, moderne Wohnblocks. Breite Straßen mit Zebrastreifen und vielen Verkehrsampeln, die einstweilen noch einen Verkehr regeln, der nicht da ist. Rathaus, Krankenhaus, Kino, Kasernen, überall die Hinweistafel: The end of the world-Club. Wer hierher zieht, erhält Steuernachlaß. Ich lernte einen jungen Ingenieur kennen, hellblond und mit blauen Augen, Sohn eines Journalisten aus Kassel. Der junge Mann trug eine Milchkanne und ein dunkelhäutiges, putziges Kind mit sich, vielleicht zwei oder drei Jahre alt. Er lud mich ein mitzukommen. Zu Hause lagen auf einem Reißbrett technische Zeichnungen. Wahrscheinlich hatten sie etwas mit dem Projekt der Meerwasserentsalzung zu tun. Im Bücherregal unsere gute alte deutsche Bildung, wahrscheinlich vom Vater vererbt: Goethe, Schiller, Stifter, Theodor Storm am Fuß des Sinai. Dann trat seine Frau ein. Ich war verblüfft: eine komplette Inderin, jung und schön, wie man Inderinnen aus den Werbeprospekten der Reisebüros kennt; sogar das schwarze Tupferchen auf der Stirn trug sie noch. Eine Inderin? Das Mädchen kam aus einer jüdischen Gemeinde in Kalkutta. Seit fünfhundert Jahren hatte diese Gemeinde unter anderen Religionen und Sekten gelebt. Seit fünf Jahren leben sie hier in Eilat. Die jungen Leute sprachen englisch miteinander und lernten eben Hebräisch. Junge Intelligenz im Siedlerland. Nein, sagten sie, sie seien nicht orthodox, überhaupt nicht gläubig, eher sozialistisch. Kinder zweier Kulturen aus Kassel und Kalkutta. Was verband sie – außer der Liebe? Eine uralte Erinnerung an dieses Land? Ein neuer Entschluß, Israelis zu werden? Was ist das: Jude sein, wenn man die Religion abgestreift hat? Was denn? Ich habe es nicht herausbekommen.

Am schwierigsten war es ihm mit der älteren Generation, den früheren Deutschen aus Berlin, aus München, aus Frankfurt ergangen. Wie merkwürdig. Gerade weil er so offen, so freundschaftlich, so mühelos bei ihnen Eingang fand, stieß er hier schneller auf jene Grenze, auf die er in Israel oft gestoßen war. Man kam immer bis zu einem gewissen Punkt, dann nicht weiter. Sie saßen zu Hause um den Kaffeetisch: der Kinderarzt aus Würzburg, der jetzt in Jaffa praktizierte, der Kaufmann aus Berlin, der jetzt in Haifa bei der Hafengesellschaft arbeitete, die Dame aus München, die in ihrem eleganten Seidenkleid noch immer einen Rest Münchener Schönheit ausstrahlte, sie sprach noch immer ein gutes Bayerisch. Menschen, die übriggeblieben waren mit einer furchtbaren Vergangenheit, Flüchtlinge, Heimatlose, Reste, die Hitler und uns Deutschen entkommen sind: irgend etwas hatte sich nun in ihnen verschlossen, war hart und versteinert geworden, – natürlich. Sie waren jetzt sehr national, sehr hart und eigentlich viel militanter als ihre Regierung, so schien es ihm. »Mein Gott«, sagte die Dame aus München und rührte dabei in ihrer Kaffeetasse, »wir stehen jetzt 45 Kilometer vor Amman, 50 Kilometer von Damaskus entfernt, und nach Kairo sind es auch nur noch 100 – warum gehen wir denn nicht hin und räumen auf? Wie soll denn Frieden werden, wenn wir nicht die Hauptstädte besetzen?« Sie waren alle sehr liebenswürdig und kultiviert und ziemlich nationalistisch geworden. Der Reisende verstand solche Verhärtung; sie erschreckte ihn. Sie hatten so ein verblüffend einfaches und klares Weltbild. »Ach, die Araber«, sagten sie manchmal, »mit denen würden wir schon fertig, wenn nur die Russen nicht wären. Der Kommunismus verdirbt uns die ganze Welt.«

Gestern sind wir in der Wüste Judäa gewesen. Ein Wunder unserer Erde, ich zögere nicht, das zu sagen. Die Abfahrt von Jerusalem nach Jericho ist ein Wunder. Ich werde es nie vergessen. König Hussein hat hier wirklich ein Paradies verloren – vorläufig wenigstens. In Jerusalem war es hell, sonnig und sehr kalt. Immerhin liegt es 850 Meter hoch und hat mehr Regenniederschlag als London. Das vergißt man leicht. Es war also ein strahlender, kalter, blauer Himmel. Über die Nablus-Road verläßt man den arabischen Teil der Stadt, eine Zollkontrolle unterwegs, dann versinkt man langsam in einer Märchenwelt, man verliert sich in einer Urlandschaft, einer Kinderwelt – so etwas hat man schon oft geträumt. Es war mir, als erinnerte ich mich an alles. Woran? Urerinnern, Urformen, Vergessen und Wiederfinden – das alles liegt wohl in ganz frühen archaischen Schichten in uns. Zauberlandschaft: hier liegt sie draußen. Über eine weich geschlungene Straße sinkt man immer mehr in die Erde, in ihren Schoß, in ihre Träume, in eine rätselhafte Bergwüste, in tiefe Täler. Lauter kahle, harte Kegelberge, die wie braune Zuckerhüte zu umfahren sind. Man rutscht immer tiefer ins Labyrinth, es gibt keine Spur von Vegetation, von Leben mehr. Man dreht sich und dreht sich. Die Straße ist zwanzig Kilometer lang, eine einzige Kurve, die fällt, die müde, die taumeln und träumerisch macht. Narkosen der Tiefe – was überwältigt uns hier? Was zieht herunter? Jedes Gefühl für Raum und Zeit geht verloren. Nur spitze, braune Zuckerhüte, süßer Grund. Wohin führt das? Ein Straßenschild kündigt an, daß wir soeben den Meeresspiegel erreicht haben. Es geht weiter ins Unterirdische, in die Talsohle der Welt, den tiefsten Punkt der Erde. Rechts wird der Blick auf das Tote Meer frei, eine hellblaue Lauge, schwer, von weißen Salzgebirgen umgeben. Auch so etwas kann man eigentlich nur träumen. Das gibt es nicht wirklich. Man fährt bis zum tiefsten Punkt unserer Welt: das ist Jericho: 400 Meter unter dem Meeresspiegel. Und plötzlich hält man – vor einer Oase. Plötzlich schlägt das tote, braune Gestein, die Verlorenheit in der Wüste, das Fallen im Nichts in die Geborgenheit einer kleinen, grünen Zauberinsel um. Jericho: eine Märchenstadt, die Mauern von Jericho und die Trompeten der Juden, daran erinnert man sich dunkel aus Kindheitstagen, aus Stunden im Religionsunterricht, damals, es hing eine Landkarte an der Tafel; es war immer so langweilig. Man steigt aus. Hitze schlägt einem entgegen mitten im Winter, eine Helligkeit, die sticht und schmerzt. Man sucht nach der Sonnenbrille, nach der Mütze, springt in den Schatten einer Mauer und steht plötzlich da an der weißen Wand, blickt empor: hohe, sattgrüne Palmen im blauen Himmel, Bananenstauden wachsen hier, Orangenbäume, Feigen und Datteln, es riecht wie in einem Parfümerieladen, und irgendwo hinter Büschen das große Oasenglück: da hört man das Wasser rauschen. Ist das also das Paradies? Und bitte: warum liegen Paradiese immer im Süden?

Das heutige Jericho ist eine kleine jordanische Wüstenstadt, ein arabischer Marktflecken mit einem israelischen Militär-Kommandanten. Es sind nur acht Kilometer zur Waffenstillstandslinie, zur berühmten Allenby-Bridge über den Jordan. Jericho besitzt riesige Flüchtlingslager, die heute fast leer stehen. Die palästinensischen Flüchtlinge, die hier lebten, sind vor den einrükkenden Israelis wieder geflohen. Angst vor den Juden –

so etwas gibt es jetzt. Man sieht ihre neuen Zeltlager hinter dem Jordan mit bloßen Augen. Alte Heimsuchung, neue Heimsuchung, – warum sind Paradiese immer der Hölle so nahe? Jericho ist auch eine Stadt des Leidens, sie wuchs in viertausend Jahren aus Schmerz, Unterwerfung, Unterdrückung, eine uralte, versteinerte Stadt, die in der Wüste kochte und dabei auch einige Weltreligionen ausbrütete: natürlich Erlösungsreligionen. Man versteht hier bald, warum das Paradies mild und grün, die Hölle heiß, und warum Gott nur einer sein kann. Dieser kahle, unbarmherzige Himmel brennt alle anderen Götter weg – eifersüchtig. In den Nebeln Nordeuropas mögen Riesen und Gnomen herrschen, im griechischen Schattenreich Nymphen und Dämonen. Jericho liegt nackt, vollkommen hilflos leidend zwischen Wüste und Himmel, und ob das nun Jahwe, Jesus oder Mohammed heißt: hier kann nur ein Gott sein – ewig, allmächtig, manchmal auch gnädig.

Warum war es dem Reisenden nicht gelungen, sich mit Jerusalem anzufreunden? Er verstand die Stadt nicht; sie war das Fremdeste in der Fremde. Chiffren, Hieroglyphen, eine verschlüsselte Welt uralter Zeichen. Überall Kirchen, Klöster, Kapellen, Tempel, Moscheen, und alles heilig: Heilige Berge, der Berg Zion, der Ölberg, der Berg der Ärgernisse, heilige Gärten und Täler: Gethsemane, Golgatha und das Kidrontal. Heilige Grotten und Gräber: das Grab Absaloms, das Grab des Jakobus, des Zacharias, dann war aber auch an das Grab Josaphats zu denken. Die Protestanten, eigenbrötlerisch und naturliebend wie sie sind, besaßen hier sogar ein Privatgrab Christi: das Gartengrab, das nicht zu verwechseln war mit dem richtigen, dem römischen, armenischen, koptischen und griechischen Grab Christi. Überall heilige Brunnen, Steine und Bäume und viele schwarze Löcher, in die man hineinkriechen mußte. Unten war nichts, überhaupt nichts als schlechte Luft und flackerndes Kerzenlicht über Geröll, aber es wurde versichert, hier sei einmal, der Tradition nach, wahrscheinlich: Was? Wer? Jesus? Jakobus? Mohammed oder Abraham? Oder war es König Salomon gewesen, der doch die Königin von Saba...? Daran erinnerte er sich dunkel. Und wie war das mit der Königin Helena gewesen? Nein, nicht die Helena, die andere Helena Adiabene, die Königinmutter, die doch zum Judentum übergetreten war, Sie erinnern sich doch? Er hatte das Haus des Annas, die Königsgräber, die Grotte Jeremias, das Grab der Heiligen Jungfrau, die Kapelle der Kleiderverteilung, das Tor des Heiligen Stefan, die Grotte zum Todeskampf, die Kirche der Heiligen Anna – mit vollem Ablaß – besichtigt. Aber dann mußte auch das Haus der Eltern Mariens noch wahrgenommen werden, so versicherte man ihm. Er war etwas erschöpft und kreislauflabil durch die Via Dolorosa gewankt. Da war überhaupt nichts zu sehen, nur schmale, bunte Bazare, das quirlende Leben arabischer Altstädte, aber sein Führer hatte ihm bedeutet, daß hier der Ecce-Homo-Bogen, dort aber die Kirche der Schwestern Zions zu beachten sei. Dann war der Turm der Erlöserkirche zu besteigen, Wilhelm II. hatte sie 1898 eingeweiht. Das roch man noch heute hier: es roch ganz preußisch und protestantisch mitten in Jerusalem – also nach Bohnerwachs.

Ach, er war in ein Treibhaus der Religionen geraten, in einen Dschungel der Heiligtümer, und wo beides ist, ist auch immer Blut und Mord und Krieg zu Hause gewesen. Was hatten die Menschen hier aufeinander eingeschlagen, wieviel Haß und Blut und Bestialität waren hier versammelt und aufbewahrt in dreitausendjährigen Folianten. Jerusalem war keine polis, es war ein Schatzhaus der Götter und Krieger, ein Tresor aus Gold und Menschenblut, der öffnete sich ihm nicht. Er hatte alles nur wie durch dicke Schaufensterscheiben gesehen, war oft verwirrt und müde und manchmal auch entsetzt gewesen. Nur zwei Eindrücke hatte er hier notiert:

Sie haben mich an das Grab Christi gezerrt. Das ist in der Altstadt nicht zu vermeiden. Hunderte von Arabern leben seit vielen hundert Jahren davon, stehen in den Straßen herum, suchen, lassen in der Hand die große Perlenkette gleiten, schnuppern nach Christen, nach Touristen, schnuppern nach Dollars. Wer nicht Jude, nicht Araber ist, ist hier immer Christ. Das Spiel ist seit Ewigkeit eingespielt, sie geben sich Zeichen, Signale, erkennen einen wie der Staatssicherheitsdienst unbarmherzig, und dann wird man weitergereicht nach eisernen Regeln. Also: das Grab Christi – selbst ›Polyglott‹, mein Reiseführer, spricht von »einer gewissen Enttäuschung«. Dem kann man schwer widersprechen. Die Grabeskirche besteht aus einem dunklen und häßlichen Konglomerat von vielen Kapellen, Altären und Sonderkirchen in vielen Stockwerken, und wie an allen Verkehrszentren der Welt wird auch hier immer gebaut, erweitert, erneuert, noch schöner, noch älter gemacht. Bauschutt überall, Holzverschalungen, Stahlstreben, Mörtel und viele Backsteine, über die man im heiligen Dunkel leicht stolpern kann.

Woran liegt es eigentlich, daß es im Heiligen Land so gut wie keine Kunst gibt? Was an den Wänden hängt, ist alles trivial, unglaublich geschmacklos. Warum muß man erst den Abstand von Rom, von Madrid, von Chartres haben, um christliche Kunst zu finden? Auch sind die subtilen Besitzverhältnisse der Konfessionen streng zu beachten. Sonst gibt es rasch Schlägereien unter den Brüdern. Es gelang mir, an der Adamaskapelle, am Salbungsstein, am Stabat-Mater-Altar, sogar an der Rotunde unbehelligt vorbeizukommen. Ich sah auch das Christusgrab von innen, »ein überladener und stilloser Bau«, wie ›Polyglott‹ meint; auch dem kann man schwer widersprechen. Ich wußte aber nicht, daß die Koptische Kirche noch eine Schmalseite des Grabes von außen für sich allein besitzt. Ein koptischer Priester winkte mir zu, nahm mich an die Hand, führte mich in die Kapelle, wo Dunkelheit herrschte. Der heilige Mann zerrte mich plötzlich herunter, hieß mich im Dunklen knien, nahm ganz vertraulich meine Hand und sagte mit dunkler, würdiger Stimme: »Please, Sir: touch the stone, please!« Er legte meine Hand auf den Fels des Grabes, entzündete in der Dunkelheit eine Kerze, führte die Kerze an den Felsen, wo meine Hand lag, und ich sah plötzlich das Grab im milden Licht: da lagen Tausende von grünen Dollarnoten drin und der heilige Mann fragte mich ernst: »Please, Sir, how many?« Soll ich nun auch noch hinzufügen, daß es zum Letzten kam? Ich hatte nämlich nur Reiseschecks bei mir. Der heilige Mann erwies sich als guter Wechsler im Tempel.

Am anderen Tag hatte der Reisende in Jerusalem notiert: Ich bin den Abend an der Klagemauer gewesen, fast vier Stunden lang. Es ist wieder Schabbat. Die Klagemauer: man hat so viel darüber gehört; man hat es oft im Fernsehen, in der Zeitung gesehen. Meistens enttäuscht dann die Wirklichkeit. Sie hält der Phantasie nicht mehr stand. Hier ist es umgekehrt. Es war für mich wie in Mea Schearim: reines Erstaunen, grenzenloses Verwundern, – ein großes, rätselhaftes Schauspiel der Nation. So also spricht der Herr mit seinem Volk, das Volk mit seinem Herrn? Angst und Zittern, große Unterwerfung, große Beschwörung, Verbeugung – also spricht der Herr? Die Israelis haben die historische Tempelmauer noch etwas tiefer ausgegraben und den Platz davor, auf dem arabische Häuser standen, planiert; ein gewaltiger Betplatz der Juden ist so entstanden, und jeden Freitagnachmittag versammeln sie sich hier: die Ultra-Orthodoxen, die ›Schützer der Stadt‹, die Chassidim, die Rabbiner – die orthodoxen und liberalen –, israelische Bürger, Gläubige und Ungläubige. Es ist eine einzige, große, schwarze, wogende Versammlung von weit über tausend Männern, die dichtgedrängt vor einer etwa 50 Meter hohen Steinwand stehen, der Tempelmauer, und beten, jeder für sich. Sie stehen ohne jeden Abstand, direkt auf Zentimeternähe an der Wand.

Was ich nicht wußte, was ich erst jetzt sah, ist, daß die Männer einen eigenen, strengen Bewegungsritus beim Beten haben. Sie stehen ganz eng gedrängt und zucken etwa alle drei Sekunden mit ihrem Oberkörper heftig nach vorne. Wahrscheinlich soll das eine Verbeugung sein, aber sie wird so hart, so abrupt und blitzschnell vollzogen, daß die Bewegung etwas Anfallartiges, Insektenhaftes bekommt. Aus welchen Tiefen kommt das? Ich sah in Harlems Kirchen die Neger schreien, tanzen, zucken, sich auf dem Boden wälzen – das alles war beinah verständlich und einfühlbar. Das war etwas, was aus dem Bauch, wahrscheinlich aus dem Sonnengeflecht kommt, und in den Ekstasen des Schmerzes oder

der Sexualität sind wir ja auch so. Jüdische Frömmigkeit, wie sie sich hier vollzieht, kommt aus viel tieferen, früheren, entfernteren Schichten. Da muß sich ein großes Drama der Macht abspielen, da geht es um Herrschaft, Unterwerfung, der Schrei Jeremias und der Schrei des Schakals in der Wüste ist darin, und wie er dann aufgehoben, aufgenommen wird, der Mensch, und erhört, sich plötzlich im Kreise zu drehen anfängt und singt. Welch ein Volk. Alle Erinnerungen der Völker sind in ihm versammelt, alle Religionen kehren in seiner Frömmigkeit noch einmal wieder. Dahinten stehen orientalische Juden, Jemeniten, die singen wieder anders, und dazwischen stehen Gelbe, Braune und Schwarze: jeder betet und zuckt und singt auf seine Weise. Jeder ist ganz allein mit seinem Herrn. Manchmal bilden sich Ansätze zu einer Gruppe. Da dreht sich einer um, stimmt plötzlich laut einen Psalm an, die anderen stimmen ein, kurze Zeit bildet sich eine Gruppe, die laut psalmodiert. Aber daneben hat sich jetzt ein anderer Vorbeter noch stärker durchgesetzt und zieht die Gesichter der Männer zu sich: die Gruppe fließt über zu ihm, kann sich aber auch nicht halten, zerfällt plötzlich. Sie drehen sich wieder zur Mauer, jeder für sich, verneigen sich. Dann beginnt das Spiel, das Angst und Herrschaft und Erbarmen heißt, von neuem. Was ist das? Lauter Söhne, die gegen den Vater kämpfen? Ein Drama der Autorität, das ist sicher, aber wo kommt diese Gewalt der Unterwerfung, dieser Starrsinn der Formen über viertausend Jahre her? Was ist das für ein Bund, von dem wir anderen ausgeschlossen sind?

Natürlich gab es auch ganz andere Bürger im Land. Der Reisende erinnerte sich an den jungen Journalisten in Tel Aviv, einen witzigen, aufgeklärten, politischen Kopf, der ihm immer abwehrend gesagt hatte: »Ach, fallen Sie doch nur nicht darauf hinein: Heilige Steine und Stätten bei uns. Das ist doch nur eine Ideologie unserer Konservativen. Die schrecken vor nichts zurück. Die gehen bis in die frühe Bronzezeit zurück, um mit der Bibel nachzuweisen, was wir alles noch erobern sollen. Auch Israel hat seine Bernt von Heiselers und Armin Mohlers. Wir leben doch jetzt in den Gründerjahren. Da gibt es Richard-Wagner-Töne bei uns.«

Er erinnerte sich an den Buchhändler in Tel Aviv, mit dem er oft bei einer vortrefflichen Gulaschsuppe zusammengesessen hatte und der ihm erwidert hatte: »Die Juden? Was fragen Sie immer nach den Juden? Was wollen Sie da ergründen? Die wird es in wenigen Generationen nicht mehr geben bei uns. Es wird nur noch Israelis geben, so wie es eben auch Ägypter, Spanier, Franzosen gibt. Israel ist das Ende der Judenfrage – Gott sei Dank. Wir wollen einfach sein wie alle: eine Nation.«

Dann gab es wieder andere im Land, die diese Sehnsucht nach Staatlichkeit mächtig moralisch aufluden; strenge und eifernde Zionisten, die in Israel so etwas wie das Reich Gottes auf Erden sahen. Nulla salus extra Israel, hätte man sagen können. Für Juden ist kein Heil in der Welt – außer in Israel. Sie gebrauchen große Worte, sprachen von totaler Alija, sprachen von ›jüdischer Seinsfülle‹ in Israel und von ›jüdischer Seinslüge‹ draußen in der Welt. Anstrengende und angestrengte Begriffe, die den Reisenden an Paul de Lagarde und Martin Heidegger erinnerten. Erde, Heimat und Volk wurden hier plötzlich zu habgierigen und eifersüchtigen Begriffen, die dem einzelnen das Recht absprachen, außerhalb seines Volkes wertvoll zu sein. Es wehrt sich etwas in dem Reisenden dagegen, in dem Landarbeiter im Kibbuz die ›jüdische Seinsfülle‹ zu sehen, in dem Philosophen Ernst Bloch aber, wie ihm ein Schriftsteller erklärt hatte, ›die jüdische Seinslüge‹.

Dieses winzige Land: in seinen alten Grenzen ist es kaum größer als Hessen. Es müßte vor allem Geologen, Botaniker interessieren. Welche Unterschiede des Klimas, der Flora, welch ein Gefälle der Natur, wenn man nur zwei oder drei Stunden Autofahrt hinter sich hat. Seit einigen Tagen bin ich wieder in Obergaliläa. Es ist die Landschaft um Nazareth. Der Tiberiasee, Kapernaum, der Taborberg, der Berg der Seligpreisungen, die Landschaft der Bergpredigt. Ihre Lobpreisung der Sanftmütigen ist wohl an eine so milde und sanfte Natur gebunden. Man müßte eine Soziologie der Bergpredigt erarbeiten: wahrscheinlich die Ideologie eines Hirtenstammes. Undenkbar dasselbe 300 Kilometer weiter in der Wüste. Der Regen hat sich verzogen. Es ist grün, frisch, lieblich hier oben. Wenn ich morgens das Fenster öffne, fällt ein strahlender, blanker Maitag ins Zimmer, ein klein wenig tropisch angeheizt. Feigen, Ölbäume, Eukalyptus im Garten, aber auch Eichen und Pflaumenbäume. Mimosen und viele rote Blüten auf dem Rasen. Ein blühender, paradiesischer Garten, könnte man sagen, wenn man nicht wüßte, daß all das die Leute vom Kibbuz seit fünfzig Jahren mit ihren Händen erarbeitet haben. Am Anfang war hier ja nichts, nichts als Felsen, Steine, Trockenheit und Lebensgefahr. Sie haben die Steine weggetragen, das Land urbar gemacht, bewässert, bebaut, gesät, sich zur Wehr gesetzt, geschossen und wieder neu gesät – erst nach vielen Jahren begann die Ernte der

Zitrusfrüchte. Die gewaltige Kulturleistung der Kibbuzim ist bekannt. Man sieht sie im ganzen Lande. Wo immer Israelis gesiedelt haben, dort ist es grün, sauber, menschenfreundlich.

Abends Vortrag eines alten Mitgliedes über das Leben im Kibbuz. Zufällig sind Vertreter der hessischen Gewerkschaft IG Bau-Steine-Erden hier zu Besuch. Die hessischen Gewerkschaftsfunktionäre wirken etwas klobiger, etwas schwerfälliger als die Arbeiter hier. Zugleich spürt man, daß sie aus einer modernen Industriegesellschaft kommen; sie mißtrauen etwas dem Glück der Erdarbeit. Wieviel Maschinen man habe, und warum man nicht noch mehr rationalisiere? Kein Privatbesitz, fragt einer, ob das nicht die Arbeitsleistung mindere? Und die Familie, sei die hier nicht in ihrer Würde in Frage gestellt? Der Vortragende ist ein älterer, schlanker Herr, vielleicht sechzigjährig, er ist noch ein Idealist der ersten Stunde, er hat sich mit dem Namen Joseph Rosenbaum vorgestellt, ein Herr aus Göttingen, der mit den menschenfreundlichen Gebärden ergrauter Jugendbewegter den Männern aus Hessen zu erklären versucht, wie alles gekommen sei. Ja, auch er habe einmal an die Kultur, an den Geist wie alle Juden geglaubt. Er habe in Göttingen als junger Mann Philosophie studiert, nichts als Hegel, Kant, Aritoteles, aber dann, als Hitler kam, sei bei ihm die Erkenntnis, die große Wandlung gekommen. Schluß mit dem Geist, Schluß mit der Kultur. Die Antwort auf Hitler habe einfach gelautet: Bauer werden, sich eine Heimat suchen, auf dem Lande arbeiten; Bau, Steine, Erde. Er habe seine Bücher geschlossen und sei nach Palästina ausgewandert, das damals noch unter englischer Verwaltung stand. Er sei hier ins Kibbuz

Ayelet Hashahar gekommen, habe dreißig Jahre lang nichts als Steine getragen, Furchen gezogen, Wasserleitungen gelegt, gesät, geschossen und geerntet. Jetzt hier, das sei ja ein Paradies, aber damals? Ein erfülltes Leben, sagte er. Er sagte nicht ›Seinsfülle‹, aber wenn er heute zurückblicke, wenn er einmal sterben werde, so wisse er, ein erfülltes Leben geführt zu haben. Und später erzählte er von der Jugend, die er hier im Kibbuz zu betreuen habe. Er sage den jungen Leuten, die fort wollten, immer: Bitte, wenn ihr wollt, geht nur. Ihr könnt ruhig austreten, wenn ihr wollt. Geht nur nach Tel Aviv, und das Wort Tel Aviv klang in seinem Mund jetzt fast wie Baal Babylon. Treibt euch nur herum in der großen, fernen Stadt. Eines Tages werdet ihr doch zurückkommen. Das Glück, der Sinn, der Friede ist hier. Es wartet auf euch die Erde.

Dieser Gefühlshaltung war der Reisende im Lande oft begegnet. Jüdische Sehnsucht nach Geborgenheit, nach Heimat, nach Erde – er verstand sie, mit etwas Skepsis. Er verstand, daß die Entrechteten, die Unterdrückten und Flüchtlinge so vieler Völker eine rührende Dankbarkeit für das Land zeigten, in dem es normal war, ein Jude zu sein. Normal auch, als Jude Bauer, Busfahrer oder Soldat zu sein. Es war etwas Romantisches und Jugendbewegtes dabei, natürlich. Die Art, wie die Männer hier im Lande sich kleideten: bewußt salopp, betont einfach und etwas hinterwäldlerisch, wie sie mit Stolz keine Jackettanzüge, keine Krawatten mehr trugen, sondern einfach das kurzärmelige, offene Hemd, den Schillerkragen Ben Gurions – darin lag ein ganzes Programm, das hieß: zurück zur Natur, die Erde heilt. Sehr wahr, sehr richtig, dachte er oft; nur: auf dem Asphalt waren sie doch auch sehr gut: von Karl Marx bis Trotzki, von Heine bis Kafka. Da blieb etwas für die Menschheit übrig – für uns alle. Für die junge Nation hier war es natürlich sehr wichtig, gute Landarbeiter, gute Busfahrer und erstklassige Soldaten zu haben. Nationen sind unglaublich egoistisch und müssen's wohl sein. Aber für die Menschheit wäre es doch schade, wenn sie hier rückwirkend alle: von Freud bis Einstein, von Bloch bis Peter Weiss heimführen würden, der Seinsfülle wegen. So wird eine Nation – unter Verlusten. Etwas wird aufgebaut, und etwas geht dabei auch verloren.

Heute nachmittag im Gazastreifen gewesen. Wir fanden in der Stadt Gaza einen unbeschreiblichen Wirrwarr vor. Schabbat: Tausende von Israelis strömen mit ihren Autos herein, man erkennt sie an ihren großen, gelbbraunen Nummernschildern. Man kann hier arabischen Kleinkram billig kaufen. Die Straßen waren überfüllt, verstopft, blockiert, ein irres Gedränge, Geschiebe, Geschrei. Handkarren, Radfahrer, Maulesel, Moslems, viele Mercedes dazwischen. Alle Armen in Gaza, hörte ich, fahren Mercedes im Gazastreifen. Untertürkheim muß da einmal mit Kairo einen seltsamen Vertrag geschlossen haben. Die Stadt mit ihren gewaltigen Flüchtlingslagern gleicht einem kranken, wilden Bienenschwarm der Armseligkeiten. Alles jagt, schreit, rennt durcheinander. Die unklare Zukunft dieses Gebiets ist von jeder Straßenecke abzulesen. Warum schreibt eigentlich meine deutschsprachige israelische Zeitung, die ich hier täglich lese, ›Jedioth Chadashoth‹, wenn sie aus den besetzten Gebieten berichtet, immer von ›befreitem Territorium‹? Was wurde hier in Gaza befreit? Die Erde, die Flüchtlinge, die Araber?

Frau Dr. A., die uns fuhr, bat mich, die Autofenster zu schließen. »Ansteckungsgefahr«, sagte sie. Sie ist Ärztin in Tel Aviv. Wir sind also in Gaza nicht ausgestiegen, sondern immer nur im Kreis gefahren, wenn man dieses Gestocke in den überfüllten Straßen überhaupt fahren nennen soll. Alles sei krank, schmutzig, unterentwickelt und nicht ungefährlich hier, meinte unsere Führerin. Ein bißchen war mir das doch – darf ich das sagen? –, als wenn ich mit einem ostelbischen Baron 1942 in ein polnisches Ghetto eingefahren wäre: zu den Juden. Es ist wirklich unheimlich schmutzig in Gaza und auch nicht ganz ungefährlich – nur: war das im Warschauer Ghetto 1942 nicht auch so? So etwas ist nicht ›Natur‹, nicht ›Volk‹. Es ist gesellschaftlich produziert und vermittelt. Zum großen Teil ist es Schuld der Ägypter; man weiß das. Nur, wie schnell manche Israelis heute solche Opfer-Existenzen vergessen. Ich schwieg auf der Rückfahrt. Ich war betroffen und dachte: ein bißchen zu hart, ein klein wenig zu selbstsicher gegenüber dem Elend der Armen sind manche hier schon geworden. So wird eine Nation – unter humanen Verlusten.

Der Reisende hatte diese Erfahrung öfters gemacht, in Nazareth, in Haifa, in Hebron. Vor allem unter den alten Europäern, die hier lebten, gab es einen Hochmut der Eisschränke, der Aircondition, der Zivilisation, der sich in dem Satz spiegelte, den er häufig gehört hatte: »Die Araber, sagt man, wohnen in der Wüste? Ach, wo die Araber wohnen, ist immer Wüste.« Trotzdem war diese Haltung bestimmter Einwanderergruppen nicht typisch für die Politik und Praxis dieses Staates. Diesen jungen Staat Israel kennzeichnet eine seltene und im Grunde rätselhafte Mischung aus Härte und Humanität. Sie schlugen blitzschnell zu, unglaublich hart – trotzdem waren sie vollkommen frei von Brutalität, dem Haß, den vielen kleinen Gemeinheiten aller Siegernationen. Sie waren zugleich menschlich, hilfsbereit und vernünftig. Nicht einmal der letzte Sieg hatte ihnen wirklich süß geschmeckt. Sie gedachten nach dem Sieg auch sofort der Opfer ihrer Feinde. Sie veranstalteten keine Siegesparade; es gab kein nationales Fest nach dem Junikrieg. Sie gingen sofort wieder an ihre Arbeit, in ihre Fabriken, Büros, Kibbuzim oder Hotels. Sie wollten dieses Gebiet für die Juden. Das war ein Nationalismus gegen den anderen, der zionistische stand unglaublich hart gegen den arabischen. Die Zionisten siegten. Triumphiert haben sie deswegen nicht.

Ich bin jetzt viel durch die eroberten Gebiete gefahren. Schon zwei Wochen nach dem Krieg fuhren Touristenbusse nach Sinai ein – Schlafsack und Kochgeschirr sind mitzubringen. Israel ist trotz aller Bedrohungen im Inneren eine offene, freizügige Gesellschaft. Jeder kann tun, was er will. Es fehlt die Grundkategorie aller deutschen Politiker: die Angst. Keine Spionagehysterie wie im Osten, keine militärische Wichtigtuerei wie bei deutschen Militärs. Man sieht fast keine Soldaten. Wo stecken die eigentlich? Das Wichtigste, so hörte ich, soll alles unterirdisch liegen: Flugplätze, Munitionsdepots, Nachschublager, Befehlszentralen. Wie die Ägypter sollen sie auch schon eine kleine Atombombe haben. Im Orient pendelt sich immer alles aus. In solchen Wüsten bleibt auch Karl Marx stecken.

Ich war in Jordanien auf der Westbank. König Hussein braucht sich dieses Gebietes nicht zu schämen. Es ist landwirtschaftlich gut entwickelt. Ich war in der Wüste

Sinai. Schlimm – da liegen Ägyptens Reste herum. Am schlimmsten war es in Syrien, hinter dem Tiberiasee, die Golan Heights: entsetzlich. Die Israelis waren in einer schlechten Lage hier. Die Syrer saßen oben in den Bergen, hatten die Golan Heights zu einer gewaltigen Bergfestung ausgebaut, fast wie die Maginotlinie, und schossen von oben, wenn sie gerade Lust hatten, in die israelischen Kibbuzim, die im Tal liegen.

Sie haben viele Landarbeiter verloren. Sie haben das hingenommen, verbissen – natürlich warteten sie auf den Tag der Revanche. Am Ende des Junikrieges war er gekommen. Da sind sie mit dem Waffenstillstandstermin sozusagen um die Wette gelaufen – bergauf. Sie haben mit den Golan Heights aufgeräumt: entsetzlich. Wir sind einen Tag kreuz und quer gefahren, ein mörderisches Schlachtfeld noch immer. Tot, tot, tot, alles tot hier. Von dieser Befestigung ist nichts mehr geblieben. Alles gesprengt, in die Luft gejagt, zerbombt, zerrissen. Die Stadt Kunietra gleicht einem Geisterhaus. Wir irrten einen Vormittag durch die Ruinen der syrischen Stadt. Einmal kam uns ein UN-Jeep entgegen; auch er wirkte geisterhaft. Die sind hier machtlos. Auch die Vereinten Nationen bleiben hier stecken, wie Karl Marx. Einmal trafen wir auf zwei Soldaten. In einer zerfetzten Bar der Syrer, ›Moulin Rouge‹ war noch zu lesen, hatten zwei junge Israelis Wache bezogen. Sie saßen in Clubsesseln, die sie nach draußen in die Sonne gerückt hatten. Sie rauchten. Alle israelischen Soldaten, die ich auf Wache traf, sitzen immer in Sesseln, in Liegestühlen, rauchen, trinken Obstsaft, malen Männchen auf Zigarettenschachteln, sind entspannt und blitzschnell auf dem Posten. Sie sagten »Schalom« und hielten ihr Schießgewehr auf den Knien.

Hinterher wußte der Reisende, daß dieser Junisieg die Nation nicht nur gesichert, sondern auch in eine tiefe Krise ihres Selbstbewußtseins gerissen hatte. Israel, das immer ein mehr historischer als geographischer Begriff war, war plötzlich beides. Anstelle von 20 000 Quadratkilometern vor dem Kriege kontrollierte es plötzlich 90 000 Quadratkilometer. Und das war nicht nur ein quantitatives Problem. Der Sieg hatte die Juden zum ersten Mal mit den wirklichen Stätten ihrer Vergangenheit konfrontiert. Nicht Tel Aviv und nicht Haifa, diese jungen und modernen Zentren waren ihnen von ihrem Gott verheißen worden, wohl aber das, was sie jetzt besaßen: die Tempelreste in Ostjerusalem, Hebron mit den Gräbern der Patriarchen, in Bethlehem das Grab der Rachel; es gab den Berg Sinai, wo einmal der Bund geschlossen wurde, und Samaria und den Jordan, und das alles gab plötzlich den konservativen und religiösen Kreisen im Land einen ungeahnten Aufschwung. Wie es in der Bundesrepublik einmal das ›Kuratorium Unteilbares Deutschland‹ gab, so gab es hier plötzlich ›Die Bewegung für das ganze Israel‹. Lauter religiöse Nationalisten, die immer ›Heilig, heilig, heilig‹ riefen. Jeder Stein aus Feindesland sei dem Volk verheißen, nichts dürfe preisgegeben werden. Gott selber habe…

Traum von heute nacht. Wir sind also mit diesem Bus, der donnerte, der flog, der so herzzerreißend schön sang: »Bei mir biste scheen, please let me explain« in das Kibbuz Sde Boker zu Ben Gurion gefahren. Mir träumte: David Ben Gurion saß auf freiem Feld zwischen Felsbrocken auf einer Apfelsinenkiste. Ein alter, kleiner, stämmiger Mann mit einem intelligenten, verschmitzten Bauernschädel. Er trug einen hochgeschlossenen schwarzen Anzug im Mao-Look. Ich glaube, er sortierte gerade Bohnen. Es können aber auch Erbsen gewesen sein. Er sah überhaupt nicht auf, beachtete mich nicht, sagte dann aber so vor sich hin: »Na und? Wie war's?« Ich trat etwas auf der Stelle und wußte nicht was und wie – die jungen Nationen sind doch alle so empfindlich. Sie sind wie junge Frauen. Im Grunde wollen sie immer nur Schmeichelndes hören. »Tja«, sagte ich also, »wunderschön, Herr Ben Gurion, wunderschön«. – »Wir haben manches geschafft«, murmelte der Alte, »aber noch mehr liegt vor uns. Wir haben die verstreuten Gemeinden aus der Welt heimgeholt. Wir haben das Land bevölkert, besiedelt und kultiviert, wir hatten die Kluft zwischen den Gebildeten aus Europa und den Primitiven aus Afrika zu schließen, wir mußten eine uralte Sprache neu beleben und unsere Grenzen sichern und müssen jetzt in der Zukunft einen Weg zu unseren Nachbarn suchen. Wissen Sie, das erwählte Volk wollte immer ein Licht für die anderen Völker sein. Das versuchen wir hier auch, ein Modell für alle jungen Nationen zu bilden.«

»Ja, Herr Ben Gurion«, sagte ich, »ich sah es, so ist es, aber ich kann nicht aus meiner Haut; ich empfinde auch die Verluste. Vom Judentum, das der Welt ein Licht war, geht auch manches kaputt hier. Vieles wird dunkel hier. Ich sehe ja ein: der Staat der Juden mußte sein, nach allem, was die Völker, nach allem, was besonders mein Volk, was wir Deutsche den Juden antaten. Ich weiß das. Aber wissen Sie auch, was Sie der Menschheit antun, indem Sie aus lauter intelligenten, bösartigen, witzigen Einzelgängern draußen hier ein Volk von Bananenpflükkern und glücklichen Bauern machen? Völkische Einheit? Ach, ich war nie ein Völkischer. Das macht es mir jetzt schwer in Israel. Also noch ein Staat mehr auf der Welt, und die Juden zum Schluß eine so intakte und normale Nation wie die Libanesen – schade um diese lange und große Leidensgeschichte.« Dann erwachte ich etwas verzweifelt. Ich erwachte voller Angst. Ich hatte dem Vater widersprochen.

Dem Reisenden war nicht wohl nach diesem Traum. Er flog nachdenklich nach Hause, nach Deutschland. Er wäre sich gern auf die Schliche gekommen, woher dieser Widerspruch, dieser Protest eigentlich kam. Jede Reise, das wußte er, war im Grunde eine Reise zu einem selbst. Er hatte gesehen, wie die Juden hier entschlossen waren, eine Nation zu werden. Nicht alle, im Grunde nur ein sehr kleiner Teil vom Ganzen, ein Sechstel nur aller Juden, aber dieses Sechstel wog. Es trieb die Geschichte voran. Sie wollten einfach eine Nation werden mit richtigen Arbeitern, Bauern, Handwerkern und vielen vortrefflichen Soldaten. Sogar eine ganz ordentliche Kriminalität hatten sie schon im Lande und ein vorzügliches modernes Gefängniswesen. Auf beides war man stolz in Israel. Er hatte den enormen Ernüchterungsprozeß beobachtet, der immer eintrat, wenn viele Einzelne zusammenkamen, um einen Staat zu bilden. Ein Riesenanspruch des Leidens wurde da aufgegeben. Genie war nicht gefragt. Kafka war nicht mehr wichtig. Es ist natürlich unglaublich banal, Straßen zu bauen, Wasserleitungen zu legen, Apfelsinen zu pflücken. Zuletzt zu Hause, später, hinterher, hatte er seinem Reisetagebuch noch diesen Nachtrag zugefügt:

Ich weiß nicht, wahrscheinlich, vielleicht: wenn ich mich nach Freud richtig analysiere, so ist es doch ein Stück gekränkter Narzißmus in mir. Ach, ›gekränkter

Narzißmus‹, eine jüdische Diaspora-Wahrheit, wie ich jetzt weiß: zersetzend und schön. So etwas wird Israel lange nicht mehr hervorbringen. Zu so etwas gehört nicht nur das Alte Testament, dazu gehört auch Wien, etwas Verfall. Also: du hast die Juden immer geliebt und bewundert, aber wahrscheinlich doch nur, weil sie litten und einsam waren: von Heine bis Kafka. Die haben der Welt ein Zeichen gesetzt. Das bleibt. Es ist kränkend für dich, nun zu sehen, wie sie hier den Mantel des Schmerzes abwerfen, normal sein wollen – wie alle. Es ist interessant, faszinierend, etwas befremdend und auch etwas kränkend. Es zerstört deine Projektionen, deine Selbstliebe. Das machte dich fremd in Israel. Das wird man den Juden ja erst zuletzt verzeihen: daß sie nicht mehr leiden wollen – das nicht. Wo steht aber geschrieben, daß man leiden muß? Nicht in ihrer Bibel. Das sagte erst Christus.

Der Frühlingshügel

Ansichten von Tel Aviv

Augenblick des Wiedersehens

Plötzlich senkt sich die Maschine. Plötzlich fällt sie steil ab. Plötzlich ist Land in Sicht. Nein, eigentlich nicht Land, sondern gleich Stadt, richtige Großstadt – das ist immer wieder die Überraschung im ersten Augenblick. Man gleitet vom blauen, türkisgrünen Mittelmeer direkt in die Straßenschluchten, das Häusermeer der Stadt, die gelb, lehmgelb und gelbrötlich, also ockerfarben, daliegt. Man schwebt über den Dächern von Tel Aviv: Dachgärten. Ein Häusermeer, das endlos, das unermeßlich groß wirkt, weit und tief, weil es keine Zentren, keine Türme, keine Skyline erkennen läßt: nichts als hunderttausend Lehmquadrate.

Dann hebt sich die Maschine noch einmal, legt sich in die Kurve, zieht eine Schleife, und plötzlich ist Land in Sicht: richtiges Land: grünes, frisches Ackerland. Man sieht Tabakstauden stehen, Apfelsinenhaine, ein paar Palmen. Man spürt Afrika. Dann wird es karstig, öde, schwarz; Flughafengelände beginnt: die Piste. Und später dann steigt man aus. Auf der Gangway schlägt einem ein heißer, trockener Wind entgegen. Man meint zunächst noch, im Strahl der Düsenmaschine zu stehen, die immer noch dröhnt und donnert, aber dann merkt man, daß das Tel Avivs Klima ist: Düsenluft, Wüstenluft. Die

Leute stehen in kurzen Hosen, in Polohemden, in Miniröcken, in Badeanzügen unten vor der Maschine. Sie trippeln mit den Füßen, als wenn der Asphalt zu heiß wäre. Sie rufen, sie winken. Man hört wieder diese Sprache, die man nie verstehen wird. Es klingt immer wie halahalaraschaschim, ein schwarzes Geröchel aus tiefster Kehle: viertausend Jahre tief.

Und dann, später, sitzt man wieder in diesem alten Bus, der heiß ist, heiß und klapprig, und rollt wieder diesen Enttäuschungen entgegen, die man jedesmal am Anfang durchmachen muß. Jedesmal bringt man doch Europa mit; man kommt aus Zürich und Rom, aus Frankfurt und München und weiß also gar nicht, was das für glanzvolle, reiche Städte sind: Zürich und München, Europas Metropolen. Jedesmal meint man, Tel Aviv müsse so etwas Ähnliches sein, natürlich anders, ganz anders, aber doch ähnlich, nicht wahr? Es ist aber nur Armseligkeit, graue Gebrechlichkeit, die einen empfängt. Häuser, die mürbe und schäbig wirken, höchstens zwei Stockwerke hoch. Es geht an Baracken, an Schutthalden, an vielen Felsbrocken vorbei, die einfach so rumliegen. Man bringt sich immer diese unausrottbare Touristen-Illusion mit, daß es im Süden, je südlicher man kommt, es eben immer südlicher werde: also immer schöner, immer anmutiger, sozusagen dauernd italienischer. O holder Wahn! Man muß erst wieder lernen, daß der Orient ganz anders ist: hart, kahl, ausgedörrt, versteinert, furchtbar arm. Eine Landschaft eher des Leidens, des Schmerzes, der Unterwerfung. Es wirbelt Staub durch die Luft, Wüstensand rinnt auf der Straße, zwei Hunde laufen einem Papiersack nach, den ein heißer Wind querfeldein treibt. Jetzt gabelt sich die Straße, jetzt kommt eine Tankstelle, ein paar Häuser, dann kommt eine ganze Weile nichts, nichts als Steine und Geröll, dann beginnt die Stadt langsam. Sie beginnt mit ein paar Wellblechbaracken, ein paar Schuppen, dem Busbahnhof, noch einer Tankstelle: die Requisiten aller Entwicklungsländer.

Ich bin also wieder in Tel Aviv, einer Stadt, die ich liebe und die mich immer wieder neu enttäuscht, die mich immer wieder zu ironisch-abfälligen Bemerkungen hinreißt, und in der ich mich doch wohl und zu Hause fühle, jedesmal. Schon als ich das erstemal herkam, spürte ich: hier könnte ich leben, sonderbar. Die Stadt hat so gar nichts von der Bedeutsamkeit fremder Metropolen: keine Last der Geschichte, keine Kunst, keine Schlösser und Paläste, nichts, vor dem man andächtig niederknien müßte. Nur ein Gewirr von Straßen, von unendlich viel Häusern, von vielen, kleinen Geschäften, die schmal und eng, ziemlich altmodisch wirken: der Einzelhandel. So etwas Prosaisches hat mich immer gereizt. Ich finde den Alltag faszinierend. Die Sonntage langweilen mich. Es reizt meine Phantasie, die umgeschminkte, die krude Wirklichkeit dieser Leute, die diese Stadt vor sechzig Jahren auf dem Wüstensand Palästinas begannen, sie bauten, hier leben und die – die Juden sind.

Ich meine, man sollte es endlich einmal versuchen, ein Stück Unbefangenheit mitzubringen, die Stadt zu sehen wie andere Städte auch, das Volk zu sehen wie andere Völker auch. Es ist endlich fällig, diese Sonderbehandlung der Juden, die bei uns mit Hitler begann, abzuschließen. Die Untermenschen und dann die Übermenschen, die bösen Juden und danach die großartigen Israelis – so nicht. So werde ich nicht durch die Stadt gehen. Ich werde nicht sagen: der Strand von Tel Aviv ist ja wunderschön, weil er jüdisch ist. Ich werde sagen, doch das kommt noch: er ist eigentlich enttäuschend, ziemlich verkommen und an einigen Stellen beinah verrottet. Das ist nämlich die Wahrheit, die keiner sagt. Ich werde die Köche von Tel Aviv nicht loben, weil sie jüdisch sind. Schließlich sind alle hier Juden. Ich werde sagen: also wegen des Essens lohnt es sich nicht, nach Tel Aviv zu kommen. Der Gaumen wird in Frankreich, in Italien, auch in Tunesien viel origineller verwöhnt. Ich werde auch auf mein Stück Distanz, meine Ironie, meinen bösen Hang zur Zersetzung nicht ganz verzichten. Ich will versuchen, die Stadt mit normalen Augen zu sehen. Kann man das? Darf man das? Wird das denn gehen? Ich will es versuchen: hier.

Ich ging also am ersten Abend wieder durch Tel Aviv. Es war natürlich wieder ein Feiertag, wie man eigentlich immer an Feiertagen in die Stadt kommt. Es war das Ende der Pessachwoche, der Zeit des ungesäuerten Brotes, und es gab im Hotel auch für den Fremden aus Deutschland nur Matze zu essen. Und ich werde nun also nicht sagen: Matze schmeckt eigentlich wunderbar. Sie schmeckt nach nichts. Es ist, als wenn man Zeitungspapier ißt, zum Beispiel BILD. Ich dachte: merkwürdig, offenbar können sich nur kriegführende Nationen so viele, strenge Feiertage erlauben. Ich ging wieder durch die Ben Yehuda Straße, die heiß, leer und lustlos dalag, wie Citystraßen immer am Sonntagnachmittag. Ich dachte wieder: ein bißchen Orient, ein bißchen Berlin-Charlottenburg und etwas Polen, das ist die Stadt. Ich blickte in die Schaufenster der schmalen Lädchen hinein: Strickwaren, Weißwaren, Papiergeschäfte, Elektrowaren, Lebensmittelgeschäfte. Es wirkte alles etwas zurückgeblieben: der deutsche Einzelhandel so um 1930. Nur diese taumelnden, diese schlangenförmigen Zeichen der hebräischen Schrift erinnern einen an diesen Staat.

Tel Aviv ist mit seinen über 600 000 Einwohnern heute eine wirkliche Großstadt, die vibriert, aber zunächst überrascht einen, daß alles so winzig, so überschaubar, so individuell geraten ist. Nichts von der Amerikanisierung unserer neuen Städte. Keine Coca-Cola-Kultur, keine monströse Lichtreklame, mit Ausnahme von drei oder vier Neubauten, keine Hochhäuser und keine Henry-Ford- und Chevrolet-Karossen. Die Leute fahren Peugeot, Renault und Volkswagen. Sogar die Verkehrsampeln wirken vertraut. Sie kommen aus der Bundesrepublik. Ich will nur sagen: das Verblüffende an der Stadt ist, daß sie einen zunächst so bekannt, europäisch, beinah deutsch anmutet. Man ist in den Orient geflogen und findet Altberliner Rest wieder, Reste der Uhlandstraße, des Savigny-Platzes, etwas abgebröckelt, ausgeblichen auch vom scharfen Licht. Aber dann spürt man: das ist nur scheinbar so. Das zerfließt, das hält sich nicht, es ist doch anders. Wie?

Abends um neun ging ich noch einmal aus. Die Innenstadt war noch immer leer, die Ben Yehuda Straße wirkte noch immer sonntäglich still. Sie lag in der schwarzen Nacht Afrikas weiß und leer da wie ein Leinentuch. Ich ging über die Gordon Straße in Richtung Meer. Je mehr ich mich dem Strand näherte, desto mehr spürte ich Leben. Die Hayarkon Straße ist so eine Art Strandpromenade, doch ist das für Tel Aviv und seine Unaufgeräumtheit vielleicht etwas zu großartig ausgedrückt. Die Hayarkon ist einfach eine Straße, die sich am Meer entlangzieht und die sich nur gelegentlich, sozusagen anfallweise, zu einer mediterranen Promenade aufrafft, also einige Strandcafés, ein paar Fischrestaurants, ein paar Kellner, die einem mit scharfem Serviettenschwenken und Stühlchenrücken einladen, Platz zu nehmen. Es waren viele Tel Aviver unterwegs hier draußen am Meer. Sie flanierten, sie lustwandelten, sie promenierten. Sie aßen Eis, schoben Kinderwagen vor sich, sie gingen in Familien, traubenweise. Es war Mai, es war eine heiße Nacht, und alle Tel Aviver schienen mir kleine Eisbecher in der Hand zu haben, aus denen sie sich pausenlos süße Kühlung zulöffelten. Es wurde voller, immer menschenreicher, immer gedrängter am Meer. Die Autos fuhren langsamer, stauten sich auf der Hayarkon Straße, standen fest, stießen bösartige, heiße Wölkchen aus. Fliegende Händler am Straßenrand, die Nüsse, Mandeln, gebranntes Zeug anboten. Am Strand spielten im weißen Licht der Neonlampen noch immer ein paar Männer Fußball. Die Männer sahen wild und athletisch aus, braungebrannt. Es schien für sie nichts Wichtigeres auf der Welt zu geben, als hinter diesem Ball herzulaufen, der manchmal ins Meer, manchmal in eine Caféterrasse fiel und einige Tassen zum Klirren brachte.

Ich sah das Meer. Auf dem schwarzen Wasser rauschten weiße Wellenkämme dem Strand entgegen. Ich dachte: das offene Meer. Ich dachte: da könnten doch Araber, feindliche Flotten von Kairo bis Beirut, einfallen: heimliche, nächtliche Invasion, aber die Tel Aviver beunruhigt dieser Gedanke des Neuankömmlings nicht. Im Gegenteil: es wird immer drangvoller, immer heller im Neonlicht. Musik klingt jetzt auf. Auf dem großen Platz vor der Oper ist eine Art Freilicht-Bühne errichtet. Tanzgruppen wiegen sich da im gleißenden Licht. Junge Leute aus dem Land, Tanzgruppen der Kibuzzim sind hier angetreten und geben zum Ausklang des Osterfestes vor dem nächtlich rauschenden Meer im weißen Licht vieler Scheinwerfer Volkskunst zum besten. Die Tel Aviver stehen in Massen davor, sehen zu, essen Eis, klatschen mit, singen mit. Es bilden sich aus den Passanten neue Gruppen, die auch anfangen zu tanzen und andere mitreißen, neue Tanzgruppen zu bilden. Die Musik ist schwermütig, scharf rhythmisiert und fährt in die Glieder. Man muß sich das einmal vorstellen, daß vielleicht 10000 Münchner plötzlich anfangen, Ländler oder andere bayerische Volksweisen auf dem Stachus zu tanzen, falls da Platz ist. Es sind lauter Einzelne, Fremde hier, Spaziergänger, die sich in der warmen Nacht des Orients in wachsender Lust gegenseitig zuklatschen, sich zujubeln, sich an den Händen nehmen. Der ganze Strand ist jetzt eine einzige singende, wogende Tanzgruppe. Es sind lauter hochentwickelte, ernsthafte Einzelgänger, die einmal das Meer herüberbrachte und die sich jetzt im wiegenden, schönen Wohlklang des Volkstanzes bewegen. Welch ein Schauspiel, geht es mir durch den Kopf, welch ein Stück. Ein bißchen Folklore, ein bißchen Tragödie, ein bißchen Nacht, viel Gefühl: späte Romantik am Mittelmeer. So ist das eben hier: ein Volk findet sich.

Beinah tiefer Frieden hier

Eigentlich ist hier alles wie damals, bald nach dem Junikrieg, oder? Die Stadt wächst, sie dehnt sich aus. Am Strand entstehen neue Hotels, die gute Chancen haben: Hotelzimmer sind hier immer knapp. In Ramatgan und Givatayim entstehen große neue Wohnblocks für Einwanderer. Gleich daneben wächst das Universitätsviertel, Studiengebäude werden erweitert. In vielen schönen Gebäuden, die nichts von der Monströsität unserer Universitäts-Neubauten haben, sondern eher zierlich, verspielt, geistvoll-unabhängig wirken, sah ich viele Studenten, über Bücher gebeugt, tief mit Anglistik oder Musikwissenschaft befaßt. Die Studenten hatten große, fernentrückte Augen. Ich habe den Buchhändler P. wieder besucht. Er saß wieder wie immer zugedeckt, eingegraben in hohe Bücherberge. Er schrieb wie immer an seinen Bestellungen, Rechnungen, Quittungen herum und fuhr plötzlich in hellem Entzücken hoch, als er mich sah. So wird man nicht in deutschen Buchhandlungen empfangen. Er warf ein paar Bücher aufgeregt um, umarmte mich, war reine Freude und sagte: jetzt gehen wir erst einmal auf die Straße, einen Kaffee trinken, mein Lieber. Was macht denn Deutschland?

Madame G. ist umgezogen seit meinem letzten Besuch. Sie hat ihren schönen, altmodischen Salon in der Nordau Straße gegen eine kleine Zwei-Zimmer-Wohnung in der Pinsker Straße getauscht. So wird man älter, sagte sie, traurig lächelnd. Man braucht immer weniger Platz – und zum Schluß? – Ja, zum Schluß, Madame, sagte ich: ein weites Feld, ein schmales Feld. Fräulein F. verwaltet immer noch die Eintrittskarten der Philharmonie. Sie schwärmt noch immer für Kunst, vor allem für Beethoven, ein älteres, spitzes, etwas ausgetrocknetes Mädchen, das säuerlich, beinah prüde wirkt. Es geht das Gerücht, daß sie jetzt mit dem jungen Herrn H. ein Verhältnis, eine Liebschaft habe. Die Tel Aviver sagen tatsächlich: Liebschaft, und ich mußte lachen. Doktor Landauer sitzt immer noch zu Hause in seinem Berliner Zimmer, schreibt immer noch an seinen Memoiren, die niemand will. Er verstand das nicht. Er fragte immer wieder: wissen Sie nicht einen Verlag, ich meine in Deutschland? Da sollen die zwanziger Jahre doch jetzt Mode sein?

Jeden Morgen dieser erste Blick auf die Stadt, ein früher Blick, der haftenbleibt, beinah obszön. Das Yarden-Hotel liegt im Zentrum. Es liegt an der Kreuzung Ben Yehuda/Keren Kayemed Boulevard, und wenn ich des Morgens noch etwas müde, noch etwas schlaftrunken den winzigen Waschraum betrete und das kleine Kippfensterchen etwas wegkippe, dann übersehe ich diese Cityecke hautnahe. Ich wasche mich, ich rasiere mich, ich stehe splitternackt unter der Brause, ich seife mich ein, ich pruste und sehe dabei den Tel Avivern zu, die hautnah an mir vorbeispazieren. Ich sehe, wie die Autos vor der Rotampel stoppen. Sie bremsen immer zu scharf. Sie fahren immer noch zu schnell und ziemlich rücksichtslos hier. Ich sehe die Leute von Tel Aviv, die nun zur Arbeit gehen: alles Juden, muß ich jeden Morgen denken. Ich sehe die alten Ehepaare, die weißhaarig und etwas gebrechlich über den Zebrastreifen flüchten; alles an ihnen ist deutsch geblieben: soviel Angst. Ich sehe die Jugend, die schön, anmutig, ziemlich kokett vorbeiflaniert, lauter Liebespaare, die zum Strand gehen. Ein Bärtiger kommt jetzt vorbei mit schwarzem Hut und Theologenbrille. Zwei Orientalen schieben einen Karren mit Zitrusfrüchten, eine Negerin auf einem Fahrrad. Jetzt kommt die städtische Müllabfuhr. Sie dröhnt und rumort wie in Frankfurt. Das Wasser läuft an mir herunter in heißen Strömen, ich stehe in Dampf und Hitze und betätschele mich etwas dabei: eine Art von Voyeur. Ein Soldat kommt vorbei. Zum erstenmal sehe ich mit Bewußtsein einen Soldaten draußen gehen. In seiner braunen Khakiuniform, offenes Hemd, hochgekrempelte Ärmel, rötliche Haare, keine Mütze, sieht er wie ein Brite aus, so schlaksig. Es ist beinah tiefer Frieden hier.

Oder des Nachts auf der Dizengoff Straße, andere Voyeur-Aspekte: Die Dizengoff ist so etwas wie der Kurfürstendamm, die Leopoldstraße von Tel Aviv. Natürlich nicht so vornehm, nicht so fein und reich, aber des Nachts, wenn hier die Lichtreklame aufleuchtet, sieht man das nicht so genau – wie bei reiferen Damen, die sich des Nachts schön machen, für die Nacht. Die Dizengoff Straße wirkt jetzt ungeheuer lebendig, strahlend, lebensfroh, ein Boulevard der kleinen Vergnügen. Die halbe Stadt ist hier unterwegs, sitzt in den breiten Straßencafés, hockt in Bars, ißt in den Restaurants und trinkt dann draußen noch einen Espresso und redet und redet, das meiste hebräisch, aber auch englisch, auch französisch, viel deutsch, auch polnisch manchmal. Überall an den Straßenecken ist der ›Spiegel‹ zu haben und freitags ›Die Zeit‹, die Nackten von ›Quick‹ und ›Stern‹ locken, ›Time‹ und ›Life‹ liegen aus: eine bunte, schillernde Welt, die Juden. Eine Bühne ihres neuen Zuhauses, das vollkommen zivil, sehr lässig, beinah selbstverständlich wirkt. Hier sind sie also, hier leben sie, wollen sein, was jeder will: ein freier Mensch, der abends Kaffee trinkt. Es ist beinah tiefer Friede hier.

Oder des Sonntags, nein: Schabbath heißt das hier, also der Feiertag dieser Stadt: Samstag. Es war zwölf Uhr Mittag. Es war ein strahlender blauer Sonnentag, nur mäßig heiß, und vom Meer kam ein kühler Wind, und ich tat, was alle Tel Aviver dann tun: ich nahm die Badehose, das Handtuch und ging zum Strand.

Was soll man in solchen Stunden sonst tun? Es war eine beängstigende Fülle am Strand, ein Streiten und Lärmen, es rauschte das Meer. Es lagen große Familien unter Sonnenschirmen, alte Damen in Liegestühlen, junge Mädchen tänzelten in knappsten Bikinis vorbei, junge Burschen stellten ihren body-building-Körper zur Schau, eitel wie junge Hähne. Es war ein richtiges Spektakel der Badefreuden wie in Berlin-Wannsee.

Junge Pärchen spielten am Wasser Ping-Pong miteinander – rücksichtslos. Sie sprangen und liefen und reckten die Arme und schlugen mit scharfem Schlag blitzschnell zurück. Das Meer gab den Schlag merkwürdig laut zurück. Kommunikationsspiele, dachte ich, es klingt, wie wenn man dauernd Ohrfeigen kriegt: klatsch, klatsch, klatsch, klatsch.

Also, es war Sommerlust, Badelust, Körperlust, es war beinah tiefer Friede hier, aber dann geschah etwas. Man hörte Flugzeuge. Man hörte sofort, daß das nicht das tiefe, friedliche Brummen der Verkehrsmaschinen war. So klingen El Al und die Lufthansa nicht. Es war das spitze und hohe Pfeifen, das böse Zeichen der Bomber, Mirage oder Phantom, das weiß ich nicht: man sah nur plötzlich am Himmel fünf Kampfflugzeuge, diese silbernen, rasenden Dreiecke, die wie Raketen schießen.

Sie pfiffen wie Blitze am Strand entlang, und bei ihrer strikten Nordostrichtung war klar, daß sie nur nach Libanon fliegen konnten. Und der ganze Strand war plötzlich verändert, war wie umgekrempelt und aus dem Häuschen. Alle Sonnenfreunde waren aufgesprungen, hochgefahren, blickten wie elektrisiert zum Himmel, schrien: Da, da, da, und waren wie von einem Taumel ergriffen. Sie standen hochgereckt, hielten die Arme empor und begannen rhythmisch zu klatschen. Das Volk von Tel Aviv stand am Meer, mehr oder minder nackt, mehr oder minder braun, und klatschte auf eine wilde und entschlossene Weise seinen Kampffliegern zu, die jetzt Bomben nach Libanon fliegen. Sie sprangen, sie tanzten, sie waren wie elektrisiert von Stolz. Eine fremde Lust. Ich kenne sie nicht.

Tage später las ich in der deutschsprachigen Zeitung, daß am Schabbath einige Terroristennester im Libanon zum Schweigen gebracht worden wären. Es war eine kleine Notiz.

Einer für alle

Ich hatte ihm gleich am ersten Abend geschrieben. Ich hatte geschrieben: Werter Herr, ich habe Ihr Buch in Deutschland gelesen: ein gutes, ein wichtiges, ein tieftrauriges Buch. Ich weiß übrigens gar nicht, ob Sie Deutsch lesen können? Ich wollte Ihnen nur sagen: ich bin in der Stadt augenblicklich. Ich könnte Ihnen etwas berichten, vom Schicksal Ihres Buches in Deutschland.

War das die Wahrheit? War es ganz ehrlich? Der Mann heißt Stanislaw Wygodzki, sein Buch: ›Bis zur Klarstellung‹. Es ist ein Roman aus dem Polen des Stalinismus. Der Roman beschreibt auf eine kalte, präzise Weise die Methoden der Geheimpolizei damals: wie sie sich aus den Reihen altgedienter KP-Männer die Opfer aussuchten, Prozeßopfer präparierten in endlosen Verhören, wie sie die Unschuldigen schuldig machen für Schauprozesse. Man kennt das von Koestler und anderen. Im Grunde interessierte mich die Psychologie dieses Mannes. Das Buch war auf unübersehbare Weise autobiographisch. Es interessierte mich, wie ein alter KP-Mann, ein Marxist von Kindesbeinen an seit 1911, sich heute in Israel zurechtfindet. Der Schriftsteller Stanislaw Wygodzki hatte über vierzig Jahre in Polen für den Sozialismus gekämpft, er hatte in Zuchthäusern gelebt: unter Pilsudski, unter Hitler. Erst in der Tauwetterperiode unter Gomulka fand er eine kurze Zeit der Anerkennung und des Erfolges. Eine Weile gehörte er zu den prominentesten Autoren Volkspolens, bis dort die neue Welle des Antisemitismus begann. Er ist heute dreiundsechzig. Vor zwei Jahren ist er in Israel eingewandert.

Der Stadtteil Givatayim gehört zu den modernsten Vierteln von Tel Aviv. Neueinwanderer werden hier untergebracht. Frische, gepflegte Straßen, Rosenrabatten, Blumenrabatten, dazwischen die leichten zierlichen Mietshäuser, acht Stockwerke hoch. Kinder, die draußen spielen, Radfahrer, die vor der Haustür kurven, Mütter, die vom Balkon aus nach ihren aufsässigen Söhnen fahnden. Wäre es nicht so heiß, so unerhört hell, wäre nicht dieser immerwährende Duft von Blütenzeug in der Luft,

Orientgeruch, so könnte man sagen: ein Neubauviertel in Kassel oder Gießen.

Und wie es so oft ist, wenn man sich etwas vornimmt auf Reisen: es kam alles ganz anders. Es fand keine Diskussion über Marxismus-Leninismus statt in Givatayim. Ich fand einen Israeli vor – einen von allen. Der Dichter saß mir in seiner geräumigen Neubauwohnung gegenüber. Er wirkte bei aller Wachheit gleichmütig, entspannt, er ließ sich hängen. Das verwaschene Polohemd, das hier alle tragen. Mit seinem schweren, etwas massigen Leib, dem Schädel, der beinah kahl war, dem etwas aufgetriebenen Gesicht wirkte er älter. Man spürt Vergangenheit, Leben, das schon gelebt wurde. Ich liebe solche alten Männer. Ich meine immer, man könnte etwas lernen, etwas mitnehmen. Erfahrung ist doch das einzige, das zählt. Wenn wir jung sind, haben wir nichts als Theorien im Kopf, saubere, klare, leere Theorien, die alle wunderbar stimmen, theoretisch. Dann kommt das Leben, es läuft der Topf langsam voll, es verblassen alle Systeme, die Theorien platzen, und es setzt sich langsam Erfahrung ab, aber man kann sie nicht übertragen. Erfahrungen muß man selber machen. Das ist es, leider. Mit dem leichten Sarkasmus, der schönen Selbstironie dieser Leute sagte er zu mir lächelnd: Also, mein Lieber, Sie sehen einen alten, müden, traurigen Juden vor sich – mehr nicht.

Wir tranken Tee, wir redeten, einmal ging das Telephon. Der Hausherr sprach lange polnisch. Dieses polnische Ja erinnerte mich plötzlich an meine Warschaureise. Ich war wieder in Polen. Die Leute sagen immer ins Telefon: tak, tak, tak, tak, also ja. In Israel heißt das: ken, ken, ken. Das ist der ganze Unterschied. Dann kam die Tochter herein, vierzehnjährig und begann endlos zu telefonieren. Sie sagte immer: ken, ken, ken, endlos. Dann kam seine Frau, die jung, fast wie seine Tochter wirkte. Sie betrieb nebenher einen kleinen Kosmetiksalon. Sie klagte, Schönheit sei hier nicht gefragt. Doch sollte man das nicht zu ernst nehmen. Alle Israelis klagen immer: ein gutes Zeichen.

Einmal versuchte ich vorsichtig, Erkundungen einzuholen ideologischer Art. Ob denn da kein Konflikt sei nach vierzig Jahren Kommunismus nun in diesem Staat, den doch die Polen den Aggressorstaat, die Speerspitze des Imperialismus nennen? Ach, sagte er wegwerfend, hören Sie doch damit auf. Diese Lügen damals. Sie haben ja im polnischen Fernsehen nicht einmal den Mut gehabt, auch nur einmal die ganze Landkarte des vorderen Orients zu zeigen. Sie hatten immer Angst, die Polen könnten dann erkennen, wie klein, wie winzig dieses Land ist. Natürlich, sagte er später, sei er jetzt Israeli, das sei nur natürlich und richtig. Er fühle sich hier zu Hause, nicht fremd: er sei doch ein Jude. Man gehört als Jude hierher, sagte er: dies ist mein Volk, und es klang mir in den Ohren wie der Buchtitel von Abba Eban. Ob er noch Kommunist sei? Das wüßte er nicht. Er wüßte nur eins, daß das, was heute in Polen geschehe, kein Sozialismus sei, sondern eine andere Art von Faschismus.

Natürlich wollte ich hier einhaken, Einwände, Gegenargumente vorbringen, saubere Faschismustheorien. Ich wollte sagen: Faschismus, meinen Sie nicht, daß das etwas zu pauschal formuliert ist? Aber dann sah ich am rechten Unterarm dieses Mannes, der mir eben Tee eingoß – er sagte: Tee von Mao, ich habe ihn noch von meinem letzten Peking-Aufenthalt mitgebracht –, ich sah also auf diesem bloßen, kräftig behaarten Männerarm die Auschwitz-Nummer. Sie war breit und deutlich eintätowiert, bläulich. Sie wirkte wie eine Telefonnummer. Ich las: 132434, und ich erinnerte mich wieder an seine Biographie, von der ich einiges in Deutschland gelesen hatte. Er war so ziemlich in allen Vernichtungslagern gewesen, zuletzt in Auschwitz. Er mußte ein fürchterliches, ein unmenschliches Leben hinter sich haben, von dem man nicht spricht. Einmal im Warschau der Nazizeit, so erinnerte ich mich, hatte er mit seiner Familie schon das Leben beendet. Seine Frau, seine Kinder, und er hatten sich vergiftet – in letzter Not. Die Familie starb, er überlebte. Es gelang ihm nicht, auch tot zu sein. Er wurde, so überlebend, nach Auschwitz gebracht: 132434.

Und ich sage das nicht nur, um zu erklären, warum ich auf seine Faschismusanklage schwieg. Man kann darauf nichts erwidern, jedenfalls nicht als Deutscher. Er muß es ja wissen, was das ist: Faschismus, seine Sache. Ich sage das vor allem, um die Tel Aviver zu beschreiben, ein bißchen wenigstens. Es geht hier doch nicht mehr um Anklage, um Schuld und Sühne. Es geht um die Dynamik der Leute. Das ist doch kein Sonderfall, keine Ausnahme in Tel Aviv, der Dichter, der erst mit Sechzig kam. Das oder Ähnliches haben sie doch alles hinter sich. So war doch ihr Leben, ihre Vergangenheit. Man muß sich das einmal vorstellen: ein Volk aus lauter solchen Schicksalen. Mörderische Vergangenheit – millionenfach. Aus solchem Tief kommt das Ganze: die Stadt, der Staat, das ärgerliche, wunderliche Israel.

Ein Abend mit Nachum Goldmann

Eigentlich sieht er nicht wie ein Politiker aus. Er ist klein, beinah zierlich, weißhaarig, ein waches, verschmitztes Gesicht, in dem immer etwas auf eine ironisch wegwerfende Weise zu lächeln scheint: das Lächeln hinter goldenen Brillen. Er hat die skeptische Heiterkeit alter Leute an sich, die immer sagen: ich kenne die Welt, ich weiß doch Bescheid. Ihr könnt mir nichts vormachen: der Starrsinn zarter Greise. Er wirkt eher wie ein Diplomat, ein Mann, der weit gereist ist, in vielen Häusern, an vielen Tischen zu Gast war. Weltbürgertum geht von ihm aus, ein Hauch von Salon. Der Mann heißt Nachum Goldmann und macht hier im Augenblick Schlagzeilen in Israels Presse: Mai 1970.

Nein, es ist eben nicht tiefer Frieden hier. Tel Aviv lebt auf seine entschlossene, zuversichtliche Weise wie eh und je: einigermaßen normal und sehr zivil. Aber als Fremder merkt man bald die Veränderung, die Anspannung, die Verschärfung der Lage. Noch vor zwei Jahren fuhr ich zum Beispiel ganz mühelos in die besetzten Gebiete. Ich war in Gaza, auf Sinai, tief in Jordanien, auch in Kuneitra, der syrischen Stadt. Das geht jetzt nicht mehr. Es ist nicht verboten – was wird schon in Israel verboten? –, aber die Sicherheitsbehörden haben die Touristenreisen der großen Busgesellschaften in die besetzten Gebiete eingestellt. Immer wieder gehen dort einige Bomben hoch. Der Krieg geht am Rande weiter in vielen kleinen Scharmützeln und Kämpfen und kostet den kleinen Staat mehr Geld und Menschen als früher. Der Krieg hat sein triumphales, sein legendäres Gesicht vom Juni 67 längst verloren. Die Palästinenser? Al Fatach? Ach, sagen die Tel Aviver, mit denen würden wir schon fertig, – wenn nur die Russen nicht wären! Sie blicken sorgenvoll in die Zukunft, fragen: was werden die Russen noch alles in Ägypten machen? Und einige fragen auch: machen wir eigentlich in Israel die richtige Politik?

Ich sitze im Haus der Freimaurer. Ich sitze in einem kleinen Versammlungssaal im 3. Stock. Ich war erst in einem falschen Saal und wäre beinah in einen Vortrag über Dürer geraten – ein Mißverständnis, das mich lachen machte. Es sind hier etwa 250 Tel Aviver versammelt: Intellektuellengesichter, Oppositionsgesichter, lauter linke Leute. Man merkt das schon an den kritischen, scharf geschnittenen, einzelgängerischen Köpfen: Professoren, Journalisten, viele Studenten, Kommunisten, alte Sozialisten. Seit einigen Jahren gibt es diese Oppositionsbewegung gegen die Politik der großen Koalition. Sie nennen sich ›Bewegung für Frieden und Sicherheit‹. Sie haben Nachum Goldmann heute abend nach Tel Aviv eingeladen, möchten ihn für ihre Bewegung gewinnen. Wir sind keine Partei, sagen sie. Wir wollen eine Volksbewegung werden, die durch alle Gruppen geht. Wir wollen keine Eroberungen. Wir bekämpfen den Krieg. Wir wollen Frieden und Sicherheit für unser Land in seinen Grenzen von 1956.

Irgendwie kommt einem das Ganze bekannt vor. Es erinnert entfernt an die hohe Zeit Konrad Adenauers, als sich kleine Gruppen, Intellektuelle zumeist, gegen seine Aufrüstungspolitik, seine Politik der Stärke zur Wehr setzten. Es will mir einen Augenblick scheinen, als könnte Goldmann so eine Art Thomas Dehler sein oder Gustav Heinemann, damals, als er gegen Adenauer revoltierte. Aber die deutsche Opposition ist immer so steif, so prinzipiell und verkrampft, – der hier strahlt spöttische Heiterkeit aus: das böse Lächeln hinter goldenen Brillen. Der Vorsitzende, ein kräftiger, muskulöser Mann Mitte Vierzig im Polohemd, er könnte aus einem Kibbuz stammen, faßt noch einmal zusammen, was die Linke in diesen Tagen nicht nur in Tel Aviv so erregt: da ist diese neue Beschlagnahmung arabischen Landbesitzes bei Hebron durch die Militärbehörden. Es geht auch um neue jüdische Ansiedlungen dort. Wir lehnen das radikal ab, sagt der Vorsitzende.

Frl. F. von der Verwaltung der Philharmonie, die, die mit dem jungen Herrn H. das Verhältnis, nein: die Liebschaft haben soll, übersetzt mir, bruchstückweise. Im Original klingt für mich alles gleich: tiefes Halahalaraschaschim. Wir wenden uns auch gegen die Methodik der administrativen Verhaftungen von Arabern, sagt der Vorsitzende, wie sie jetzt in Nablus und Rhamalah praktiziert wird. Das ist eine Art Vorbeugehaft. Über hundert Araber sitzen dort im Gefängnis, ohne je etwas getan zu haben, nur weil man es für möglich hält, daß sie einmal etwas tun könnten. Wo bleibt hier der Rechtsstaat, fragt der Vorsitzende? Dann wendet er sich Goldmann zu, der dasitzt wie ein etwas zerknitterter, abgewählter Boß, der gleich zum Ehrenpräsidenten ernannt wird. Der Vorsitzende wiederholt noch einmal Goldmanns Affäre mit Golda Meir, seine zerschlagene Hoffnung, zu Nasser zu fahren. Jeder kennt sie im Saal, auch in Deutschland. Man braucht sie nicht zu wiederholen: Mai 1970.

Dann spricht Goldmann, erst leise, stockend, mit etwas brüchiger Stimme am Anfang, aber später kommt er in Fahrt, holt weit aus: er spricht fast zwei Stunden lang. Offen gesagt: er redet mir etwas zuviel für einen ernsten Politiker. Man spürt, daß er sich gern reden hört, und Frl. F., meine Übersetzerin, flüstert mir mit böser Freudigkeit zu: er spricht übrigens ein ganz miserables Hebräisch. Deutsch kann er viel besser. Er hat in Heidelberg promoviert. – Nein, über den Ärger mit Golda Meir und der Jerusalemer Presse wolle er nichts sagen, sagt Goldmann. Er habe bewußt zwei Jahre jetzt geschwiegen, um der Regierung nicht in ihrer schwierigen Situation noch zu schaden, aber jetzt müsse er reden, weil er besorgt sei, zutiefst besorgt, sagt er, über die Zukunft des Staates Israel. Diese Politik der großen Koalition, eine Politik des Schweigens, des Nichtstuns, des Vorsichhintreibens sei lebensgefährlich. Wir haben praktisch ein beschlußunfähiges Kabinett, sagt er, und ich mußte an Kiesinger denken. Israel muß endlich in aller Eindeutigkeit die Resolution des Sicherheitsrates vom 22. November 67 anerkennen. Es muß seinen Friedenswillen zeigen, indem es die Räumung der besetzten Gebiete ankündigt, mit einigen kleinen Grenzberichtigungen, die man kennt. Goldmann sagt: unser Krieg ist längst ein Konflikt der Großmächte geworden. Ihr könnt nicht tun, was ihr wollt. Die Großmächte werden nicht zulassen, daß diese Lunte, die zu einem dritten Weltkrieg führen kann, dauernd weiter glimmt. Er sagt: Sie werden sich eines Tages arrangieren, die Russen und die Amerikaner, auf Eure Kosten. – Auch das kam mir bekannt vor, aus alten Zeiten.

Später dann, nachdem noch eine Reihe anderer Mitglieder der ›Bewegung für Frieden und Sicherheit‹ gesprochen hatten – eine junge Kommunistin: sehr aggressiv, ein Professor: skeptisch-bedenklich, ein älterer Mann, der früher einmal zur Zeit der Engländer der jüdischen Terror-Organisation angehört hatte, sich aber inzwischen vom Falken zur Taube wandelte – also dann kurz vor zwölf wurde die Versammlung geschlossen. Die Opposition ging schlafen. Unten am Ausgang, die Straßen waren schon leer, standen in respektvollem Abstand zwei Bereitschaftswagen der Polizei. Die Polizisten hockten unter den Planen, sie waren noch immer in Wartestellung. Und ich dachte wieder: man fühlt sich hier richtig zu Hause in Tel Aviv. Versammlungsfreiheit mit Eingreifkommando – das kennst du doch auch?

Psychogramm der Leute

Ich weiß nicht, ob es anderen Besuchern ähnlich geht. Ich erlebe es wieder. An einem bestimmten Punkt der Reise hat man genug. Man ist gesättigt, voll. Das Ganze beginnt einem ein bißchen auf die Nerven zu gehen. Es stellen sich Widerstände ein: Israel, Israel, immer nur Israel – ist das denn die Welt? Es ist so anstrengend, immer nur auf einen Punkt zu starren, den Mund aufzumachen, zu sagen: wie interessant, wie großartig, wie wichtig. Man reagiert gereizt, spürt Allergien und möchte sagen: nun hört doch mal auf. Auch Ihr seid nicht der Nabel der Welt.

Seit Tagen vergrämen mich zum Beispiel diese Klage- und Wunderdamen, mit denen ich morgens beim Frühstück im Hotel immer zusammensitzen muß. Man wird da einfach so an einen langen Sammeltisch gesetzt. Mit mir macht man so etwas, mit mir, der ich morgens vor zehn ohnehin unansprechbar und mißmutig bin: lauter alte Damen, schrecklich. Sie sitzen in langen Reihen, sie frühstücken, sie kommen aus New York, aus Berlin oder London, Besucherdamen, die mit feucht-verschleierten Augen immer nur hauchen: herrliches Israel, armes Israel, du leidendes Schmuckstück: lovely, wonderful, beautiful. Sie tunken dabei das Weißbrot in Honig. Ich habe sie auf der Straße beobachtet, von meinem Kippfensterchen aus: die Wunderdamen gehen anders als die Israelis. Sie setzen den Halbschuh behutsamer, sanfter, eben wunderlicher auf: o heilige Erde, großes Land. Daß nur kein Gräschen geknickt wird in Jahwes Disneyland. Mich reizt das plötzlich. Ich spüre Widerstand und grinse.

Außerdem: mit den Tel Avivern, den Leuten ergeht es einem nicht anders als mit dieser Stadt. Es ist so leicht, so mühelos, Kontakt zu finden. Man kommt sehr schnell hinein in die Gesellschaft, aber dann merkt man nach einer Weile: irgendwie sind die doch anders – wie? Gestern abend diese Party in Zahala, war es nicht das? Zahala ist ein wohlhabender, ein eleganter Villenvorort im Nordosten, so etwa wie Berlin-Dahlem, nur militärisch. Zahala ist die Wohnkolonie des höheren Offizierscorps. Ich brauchte dem Taxifahrer in der Stadt nur zu sagen: Zum Hause von Dajan – gegenüber war nämlich die Party. Und ich meine nun nicht, was jeder weiß, daß die Leute hier so extrem individuell und ziemlich streitsüchtig sind, untereinander. Wenn acht Tel Aviver zusammensitzen, kann man mindestens mit zwölf Weltentwürfen rechnen, die nun scharfsinnig und bis zur Erschöpfung durchexerziert werden. Es fällt einem ihr Starrsinn auf. Keiner will nachgeben.

Ich meine diese Empfindlichkeit, die leichte Verletzbarkeit der Leute, auf der anderen Seite. Ob es an mir, dem Fremden, dem Eindringling, dem Mann aus Deutschland liegt? Man redet und redet, streitet lustig mit und merkt plötzlich, so kurz vor zwölf: jetzt mußt du höllisch aufpassen, ein Wort noch des spaßhaften Widerspruchs, und du hast alle gegen dich. Da lauert etwas bei ihnen direkt darauf, mißverstanden zu werden; dann baden sie im Schmerz. Es ist eine Art Frustrationserwartung in allen. Das schlägt von den ironischen Gipfeln blitzschnell um, und plötzlich hast du, mit einem bösen Witz auf den Lippen, die Bescherung. Jetzt sind sie beleidigt und sagen, das aber sei nun wirklich antisemitisch. Schweigen, Verlegenheit, großes Erstaunen bei mir.

Ein Volk in Abwehrhaltung und mit dieser Vergangenheit, natürlich, soziale Neurosen, so verständlich. Man trauert trotzdem manchem nach. Die Israelis beginnen zum Beispiel immer mehr diesen abgründigen Humor zu verlieren, der als jüdischer Witz weltbekannt ist. Sie sind humorloser geworden, und schon, wenn man das sagt, daß einem das auffalle, reagieren sie ausgesprochen humorlos gereizt. Sie streiten das ab, sie machen einen plötzlich herunter: wie man so etwas behaupten könne? Man kenne das Land doch gar nicht? Aber ganz sachlich gesehen, hat der jüdische Witz aus der Diaspora hier keine gleichwertige Nachfolge gefunden. Ein gutes Zeichen, wie mir scheint. Der Witz war immer die Waffe der Unterdrückten. Es gibt israelische Witze, einige, aber sie sind ungleich schlichter. Es fehlt ihnen die böse Verschachtelung, die ironische Vieldeutigkeit. Man muß das einfach wissen.

Ich machte am Anfang schlimme Fehler. Auf einer Party, einer anderen Party in der Innenstadt, stehend, knabbernd, das Whiskyglas in der Hand, fragten mich einige Damen der Stadt, wie man denn jetzt in der Bundesrepublik zu Israel stünde? Das sind so die üblichen Partyfragen, und ich, nichtsahnend, daß ich nicht mehr unter humorvoll-sarkastischen Juden, sondern unter ernsten Israelis stand, sagte so in meiner zersetzend-heiteren Art, ein Party-Reflex: Ach, Madame, wir sind eigentlich ganz zufrieden mit Israel. Endlich haben wir Deutschen nun doch eine Kolonie in Afrika, auf die wir wirklich stolz sein können, bestes Preußen. Schweigen, Betroffenheit, Verlegenheit um mich. Ich spürte Verletztheit. Es war noch am Anfang. Sie nahmen das blutig ernst, sie fanden das taktlos und badeten nun im Schmerz. Einmal sprachen wir über den Junikrieg: sechs Tage Sieg, und ich, nichtsahnend, was ich damit auslöste, sagte: Ja, Blitzsiege, Blitzkriege, wissen Sie, das kennen wir auch. Mich erinnert hier manches an 41, Frühjahr 1941 in Deutschland: lauter Siege und der Frieden immer ferner. Und die beiden Herren, denen ich das ironisch zugeworfen hatte, ein Ballspiel, kluge und gelehrte Herren, Professoren der Tel Aviver Universität, Historiker, nahmen diese kleine böse Pointe gar nicht spielerisch auf, sondern hielten mir sofort ein ernstes und strenges Kolleg, daß beide Kriege doch ganz unvergleichbar seien. Wie ich nur so etwas sagen könne? Es sei doch historisch erwiesen, daß Hitlers Krieg ein Unterwerfungs- und Raubkrieg war. Israels Krieg hingegen – ... Das ging fast zehn Minuten so. Ich stöhnte und wand mich etwas qualvoll unter so viel bleiernem Schulmeistertum. Mein Gott, dachte ich, das müßt ihr nicht sagen, nicht mir. Ich spielte in einer anderen Etage, sehr hoch, nach Art des Hauses, früher einmal. Und manchmal in solchen Gesprächen fuhr es mir, etwas erkältend, durch den Kopf: Komisch, du bist eigentlich der einzige Jude hier – in Israel.

Soll das nun so stehen bleiben? Starrsinnig, neurotisch, verletzbar, humorlos, eine kleine Tugendlehre, negativ? Es ist so. Es ist so genau, meine ich, aber es bleibt doch abstrakt. Man muß es zu ihrer konkreten Situation in Beziehung setzen, zu diesem Staat. Ja, sie sind starrsinnig, sie sind neurotisch verletzbar und nicht mehr zu bösen Witzen bereit – in Sachen Israel. Da ist zum erstenmal eine Sache da, die ist nicht zum Witzereißen, zum schönen Herumsägen, zur feinen Zersetzung. Da ist endlich etwas da, das sie trägt und das sie blutig ernst nehmen, alle, und ich meine: sie haben recht damit. Man muß das akzeptieren. Wenn das Wort Israel fällt, geschieht immer etwas: da rastet was ein, ganz tief unten, da fällt eine Klappe, es verändert sich etwas im Blick, in der Stimme, in der Haltung, übrigens auch bei Juden in der Diaspora. Nennen wir es einmal: die große Identifikation. Irgendwo in der Tiefe fühlen sie sich alle identisch mit diesem Staat. Ihm sind sie verbunden, verschrieben: uralte Hoffnung, politische Gestalt geworden. Ich habe so etwas Tiefes, so etwas beinah Magisches an nationaler Identifikation noch nirgend gesehen, auch nicht in Polen, auch nicht in Rußland. Ich meine: man muß das respektieren. So findet sich eben ein Volk.

Aber natürlich geht das dem Fremden, dem Touristen von draußen, nach einiger Zeit doch auf die Nerven. Man spürt plötzlich, daß man eben doch kein Jude ist. Da kann man nicht mit. Mein Staat ist das nicht. Und wenn das Wort Israel fällt, horche ich zwar auf und bin dafür, Partei – in Grenzen, aber es rastet in der Tiefe keine magische Identifikation ein, nicht bei mir. Für mich ist das ein Staat unter anderen. Ein besonderer Staat, zugegeben, unter besonderen Bedingungen entstanden und sich nun durchsetzend, aber für mich gibt es auch andere Länder. Spätestens nach zwei Wochen ertappt man sich bei dem Gedanken: also so einzigartig, wie du es hier immer von den Touristenführern hörst, ist das Land ja nun auch nicht. Wenn man zum Beispiel nur Ferien, Mittelmeer, Sonne und schöne Hitze haben will, findest du das in Italien viel näher, viel schöner, übrigens auch billiger. Man sehnt sich manchmal des Abends, in der Hotelhalle sitzend, nach Völkern, die sich nicht dauernd selbst befingern. Ach, Frankreich, denkt man, das wäre schön: von Cherbourg bis Marseille. In Frankreich braucht man nicht dauernd von Frankreich zu reden. Man ist einfach da. Die großen, die fertigen, die ausgewachsenen Nationen sind so entspannend. Es ist nicht üblich, daß einem ein Engländer dauernd Bekenntnisse abfordert, wie schön England sei. Man kann, man darf da auch anderer Meinung sein. Man fühlt die Welt klein werden, eng, egozentrisch: die Welt ist Israel und Israel ist die Welt. Man kriegt selber Neurosen, Krampfgefühle, Verengungen. Man sagt sich: aber da hinter den Bergen, hinter dem großen Meer, da haben früher doch auch noch andere Völker gelebt, nicht wahr? Wo sind die hin?

Vorsichtiger Versuch über das Jüdische

Jetzt kommen Bilder, nichts als Bilder. Ich schließe die Augen. Ich sehe die Stadt. Was siehst du denn? Sag es. Ich sehe den Taxifahrer, der mich vom DAN-Hotel nach Jaffa fährt, ein kleiner, alter Herr aus Wien, der dauernd singt und manchmal schimpft – auf Israel. Auf dem Sitz neben sich hat er Partituren liegen. Er blättert in Notenbüchern mit der rechten Hand, während er mit der linken das Taxi lässig durch den Cityverkehr lenkt. Er probt Tannhäuser im Taxi. Er schimpft auf den Staat, in dem Richard Wagner immer noch ein verbotener Deutscher sei. Was für Banausen, was für Bürokraten hier, mein Herr, sagt er. Sie spielen Donizetti und Rossini: den Meister verbieten sie. Er griff wieder in seine Partitur, summte Arien und fragte: Sie sind doch aus Deutschland, nicht wahr?

Ich sehe den alten Herrn aus der Rembrandtstraße wieder, den Pensionär der Histradrut: 1927 ist er hier eingewandert. Er sitzt in seinem hohen Ohrensessel, steif, preußisch, korrekt. In vierzig Jahren Orient ist ihm kein Staubkörnchen der Wüste auf seinen dunkelblauen Jackettanzug gekommen, jedenfalls nicht abends, wenn er Gäste empfängt. Alles an ihm ist Berlin-Mitte: Stresemannzeit. Er sitzt immer nur da, ein Standbild Preußens in Palästina, und sagt zu mir: Fragen Sie, fragen Sie, mein Herr. Ich bin bereit, Ihnen alle Fragen über Israel zu beantworten. Fragen Sie bitte. Er konnte gar nicht begreifen, daß ich nicht fragen, sondern Abendbrot essen wollte. Ich war etwas hungrig und sagte, die Mandeln kauend: Ach, wissen Sie, ich kenne den Laden hier. Mir ist das nicht neu. Nein, nach Jerusalem gehe ich nicht, eine entsetzliche Stadt, ich vertrage diesen Weihrauchgeruch nicht. Ich merkte Enttäuschung. Er sackte etwas zusammen. Er wäre so gern ein Denkmal gewesen, das Auskunft gibt vom hohen Sockel herab. Alles ist hier so bedeutungsvoll.

Ich sehe den Rishonkeller wieder, eine komische Kneipe, auf die mich ein Herr beim Baden im Meer verwies, damals, als die Flieger kamen. Der Rishonkeller liegt auf der Allenby-Straße, nahe am Meer, ein Restaurant, von dem die Tel Aviver beharrlich behaupten, es sei kontinental, ganz europäisch, es sei von streng österreichischer Art. So ein Haus für Wiener Schnitzel und feine Küche, aber kauend, schmeckend, schluckend, kam mir das Essen doch orientalisch vor: also ziemlich verbrannt und viel zu scharf. Der Kellner brachte mit dem Besteck und den Tellern zwei Wimpel, Tischfähnchen. Er baute die Fähnchen vor meinem Weinglas auf. Das israelische, blauer Davidstern vor weißem Grund, und unsere Farben, Schwarz-Rot-Gold. Ich finde immer, wenn ich im Ausland bin, man braucht sich dieser Farben nicht mehr zu schämen. Sie sind akzeptabel: nicht großartig, aber auch nicht beschämend, wie früher einmal. Und der Kellner, der in seiner Jugend sicher einmal etwas ganz anderes gewesen war: vielleicht Lehrer oder Jurastudent oder ein junger Postinspektor in Salzburg, legte seine Hände auf beide Fähnchen. Es war, als wenn er sie segnete und sagte in schönstem Österreichisch: das bleibt jetzt zusammen, das gehört zueinander: Israel und die Bundesrepublik – nehmen wir das Schnitzel mit Kraut oder Salat, der Herr?

Das Wetter ist umgeschlagen. Es ist kalt, stürmisch, regnerisch geworden, mitten im Mai. Mittags war es noch über 35 Grad, jetzt am Abend ist es kaum 17 Grad.

Ein kalter, reißender Wind kommt vom Meer, das wild und aufgebracht rollt und donnert und mit hohen Wasserböen in die Stadt sprüht. Dicke Wolken schieben sich am Himmel, stahlblau. Gleich wird es regnen in Strömen. Ich frage den Buchhändler P.: Wie war das eigentlich mit den Arabern hier, damals? Der Buchhändler P. lächelt verschmitzt, er lächelt etwas ironisch, etwas traurig und sagt: Eine lange Geschichte, mein Lieber. Natürlich waren die Araber einmal hier, in Jaffa, nicht in Tel Aviv. Tel Aviv haben wir Juden gebaut. Das Wort ist hebräisch und heißt: Der Frühlingshügel. Ah ja, sagte ich, man könnte auch sagen: ›Lodz sur Mer‹ – nicht wahr? Der Buchhändler P. war nicht verletzt, er badete nicht im Schmerz. Er lachte das Lachen der alten Berliner und sagte im Tonfall der alten Berliner: na klar, mein Bester, da kommen wir her, unter anderem. Die Araber? Wir haben sie nicht vertrieben, wir haben sie nicht gehalten. Sie wollten uns an den Hals, da haben wir ihnen Angst gemacht – mehr war nicht nötig. In Haifa, wo es so bergig ist, haben die Juden manchmal des Nachts leere Tonnen von oben über die steinernen Treppen herunter bis in den Hafen donnern lassen. Das dröhnte so kriegerisch, daß die Araber in wilder Angst die Flucht ergriffen.

Und noch vorher? fragte ich, zur Zeit der Engländer, zur Nazizeit? Wie war das mit Rommel und El Alamein? Und dann kommen diese Geschichten, wirre Geschichten: damals, als Palästina noch britisches Mandatsgebiet war, Zeiten der Hoffnung und der Angst, Jahre der Armut, der Arbeitslosigkeit, des Widerstandes, des Kampfes gegen die Engländer. Die Schiffe der Einwanderer, die nicht an Land durften, die Flüchtlingsfrachten, die im

Dunkel der Nacht irgendwo an Land geschmuggelt wurden, Menschen aus aller Welt, lange vor Hitler, die heimlich ans Ufer schwammen, explodierende Bomben auf Schiffen, Schiffsuntergänge, absichtlich geplant, damit die Schiffbrüchigen an Land durften: immer heimlich, immer illegal und meist im Dunkeln. Ich frage mich: Was ist das eigentlich für ein Volk? Was ist es denn? Warum haben sie es so schwer? Warum sind sie immer von Feinden umgeben? Warum mußten sie immer so kämpfen, um überhaupt da zu sein?

Ich sammle Bilder, ich sammle Gesichter, ich suche Schicksale zusammen, ich schließe die Augen, ich sehe wieder an meinem Kippfensterschen die Tel Aviver: Braune, helle, dunkle, schwarze, blonde Menschen aus Rußland, Amerika, aus Polen, Marokko, aus Deutschland: lauter Juden. Dieser immer wiederkehrende Haß auf sie. Zweitausend Jahre Verstreuung, Vereinzelung, Anpassung, Sichkleinmachen, Sichnützlichmachen, Bravsein, Unterwüfigkeit, Sichdemütigenlassen, sich trotzdem nicht verleugnen können. Siehst du denn nicht: ein Jude? In Nürnberg im 16. Jahrhundert, in Moskau im 19. Jahrhundert, in Warschau noch heute: bitte, ein Jude. Was ist es denn?

Ich weiß nicht, ob es etwas wirklich Jüdisches gibt. Das Thema ist von so uralten, so mörderischen Klischees umstellt. Man wagt es kaum durchzudenken. Was hat man ihnen nicht alles angedichtet in diesen 2000 Jahren der Anpassung: Gottesmörder, Teufelskinder, die Blutsauger, die Ausbeuter, die Händlernaturen, die gerissenen, die schlauen, die verschlagenen, die zersetzenden, die armen, die reichen Juden. Es gibt kein Laster der Welt, das man nicht an diesem Kleiderständer aufgehängt hätte. Der Jude trug alles. Warum, frage ich, warum diese Sonderrolle? Sie sind doch wie wir. Sie sind doch Menschen genau wie wir. Gibt es so etwas wie ›das Jüdische‹ trotzdem?

Ich versuche es einmal. Ich ziehe alles zusammen, was ich sah, was ich hörte, beobachtete, was mir auffiel in Tel Aviv. Ich wage die ungefähre Vermutung, ich setze sie einmal so hin, versuchsweise. Jüdisch sein heißt: immer etwas mehr. Es ist ganz falsch, dieses Volk durch inhaltliche Begriffe bestimmen zu wollen. Inhaltlich sind sie wie wir alle: teils gut, teils schlecht, teils großartig, teils miserabel, und die meisten sind eben so mittelmäßig wie alle – eben Menschheit. Nur, was immer sie sind in dieser Lage: sie sind es etwas mehr. Das müssen sie sein. Wenn sie intelligent sind, sind sie eben etwas mehr intelligent. Wenn sie geschäftstüchtig sind, sind sie eben noch etwas geschäftstüchtiger. Sind sie fromm, sind sie immer gleich sehr fromm. Sind sie Preußen, so sind sie auf eine unüberbietbare prinzipielle Weise preußisch. Suchen sie das sittlich Wahre, so suchen sie es auf eine radikale Weise, die ganze Kulturkreise formte: unter Moses und seinen zehn Geboten tun sie es nicht. Betreiben sie Gesellschaftskritik, so bringen sie keinen Engels oder Bebel hervor, sondern Karl Marx, der seine Kritik bis in die Tiefen einer messianischen Sozialphilosophie vortreibt. Betreiben sie Psychologie, so werden sie die schweizer Freundlichkeiten eines C. G. Jung gewiß nicht hervorbringen. Ihr Mann heißt Sigmund Freud und hebt gleich das Jahrhundert etwas aus den Angeln. Sind sie Soldaten, dann mindestens wie Dayan. Und ist ein Jude dumm, was selten, aber immerhin auch geschieht, dann ist er, wie schon das Sprichwort sagt, bestimmt sehr dumm. Sind sie konservativ, so meistens gleich stockreaktionär. Sind sie Kritiker, so sind sie natürlich die schärfsten, die unerbittlichsten Kritiker. Wenn die Juden schön sind, sind sie sehr schön, und wenn sie häßlich sind, sehr häßlich. Sind sie Atheisten, so sind sie es glühend. Übrigens gibt es auch Antisemiten unter den Juden, natürlich. Die sind dann sehr antisemitisch und neigen zu purer Selbstzerfleischung. Es gab sie schon im Berlin der dreißiger Jahre, seltsame Vögel: Es gibt sie heute noch da und dort. Die sagen: raus mit uns. Immer und überall: raus mit uns, zum Beispiel aus Tel Aviv.

Geht das so? Kann man das sagen: die Juden sind das radikale Volk, der Mensch im Komparativ? Immer etwas mehr? Das hat ihnen die Fremdheit, das Mißtrauen, die Feindschaft der anderen eingebracht, und davon haben sie nun genug. Sie wollen herunter von diesem Sockel, immer etwas mehr sein zu müssen. Sie wollen das nicht mehr. Sie wollen jetzt sein wie alle anderen Völker auch: normal, nichts mehr Besonderes, nicht auserwählt und nicht geduldet, sondern einfach zu Hause – entspannt. Das ist der Sinn dieses Staates. Darum kämpfen sie hier und kämpfen natürlich wieder auf ihre Art: immer etwas mehr.

Augenblick des Abschieds

Und dann wieder die Riten des Aufbruchs: die Sachen zusammen, den Koffer vollstopfen, das Waschzeug holen. Die Aircondition-Maschine brummt und bläst und schafft es heute Mittag wieder nicht, gegen die Hitze anzupusten. Die Wüste wächst. Aus dem Radio noch einmal das Halahalaraschaschim, dann Volksmusik, dann Schlagerschnulzen. Ich breche auf. Ich fahre weg. Ich fliege fort, und wie es immer ist, wenn man aufbricht, ein bißchen bin ich froh, ein bißchen tut es weh. Schmerz der Veränderung, auch Hoffnung, auch Erwartung: neue Weltvermutung. Es ist gut, unterwegs zu sein, abzubrechen, wegzugehen, wiederzukommen, neu aufzubrechen, einzudringen, aber dann wieder zurückzuweichen, sich nicht festlegen, sich nicht verwurzeln, unterwegs sein, immer nur unterwegs, ein Leben lang. Das ist wohl etwas Jüdisches in mir, und das macht mich fremd in Israel, wo nun alles Grund und Boden hat. Doch lassen wir das.

Und dann noch einmal durch die Stadt. Die Ben Yehuda-, die Dizengoff-, die Allenby Straße: Touristenwege. Es ist beinah tiefer Frieden hier. Die Leute vor den Schaufenstern, die Damen im Café, die Männer, die überall Eis schlecken. Ich bin nicht herumgefahren, ich war nicht im Lande, dem Heiligen, ich ging Jerusalem, Haifa, Eilat aus dem Wege. Das kenne ich. Ich wollte nur diese große und etwas gewöhnliche Stadt, in der es gottlob nichts zu besichtigen gibt außer der Wirklichkeit, dem Alltag dieses Volkes. Die Stadt ist wie Frankfurt am Main, so schlimm, und ich frage mich nun: habe ich alles gesehen? War das die Wirklichkeit?

Und dann wieder am Flughafen die Koffer abgeben. Die Stille, die Ruhe, der Frieden hier draußen in Lod. In solchen stillen, leeren Flughäfen hört man das Schweigen kleiner Nationen. Da ist nicht viel los an Weltkontakt. Und dann die Leute, die aus irgendwelchen Ecken kommen, die man nicht kennt, die einem eine Visitenkarte zustecken, die fragen: Sie fliegen nach Frankfurt? Mein Name ist Mendel Meir, und wenn Sie nach Frankfurt kommen, können Sie bitte meinen Vater anrufen, Salomon Meir, hier ist seine Nummer. Er wohnt da im jüdischen Altersheim, und würden Sie ihm bitte einen Gruß von mir ausrichten? Es geht mir gut. Man nimmt das etwas verlegen entgegen, es ist, wie wenn man aus dem Getto ginge, und denkt an die Fähnchen im Rishon-Keller: das bleibt jetzt zusammen, das gehört zueinander. Wie das noch verklammert ist durch Vergangenheit.

Und dann wieder oben. Alles wie beim Einflug: das Zittern, das Rasen, das Taumeln, das Steigen, höher, immer höher. Schon wieder das grüne Meer, die Wüste gelb und ockerbraun die Stadt, die Tel Aviv, zu deutsch: der Frühlingshügel heißt. Blick auf das Ganze, Rückblick, Ausblick, Weitblick. Es ist kaum zu fassen, solche Perspektive. Wir sind kaum 3000 Meter hoch, und man übersieht mit einem einzigen Blick das ganze Land. Man sieht vom Roten Meer bis nach Libanon, dieser kleine, schmale, spitze Staat der Juden.

Da unten wohnen sie nun. Sieh dir das an, sieh doch noch einmal hin. Da leben sie nun, arbeiten, schlafen und wachen – da! Sie krallen sich in die Erde, sie haben sich eingegraben, sie kämpfen um diesen Boden. Sie werden dieses schmale Stück Land nie mehr hergeben, das ist sicher, und ich meine, man muß das akzeptieren.

Sie werden eher verkommen, verbluten, ertrinken, verbrennen, ein neues Marsada, ein neues Auschwitz. Sie werden alle hier sterben, wenn sie hier nicht bestehen, nicht durchkommen, nicht Frieden finden.

Wie man Geschichte, Volkwerdung der Verstreuten einfach so sehen kann – ganz von oben herab. Solche Blicke von oben sind eigentlich unerträglich. Es ist nicht zu fassen: das Ganze dieses Volkes.

Magdeburger Vergeblichkeit

Erfahrungen in der DDR-Provinz

Grenzgefühle eins

Auf einmal ging alles sehr schnell. Auf einmal war alles ganz mühelos: die Pässe zurück, die Autopapiere. Kein Uniformierter wollte mehr Quittungen, Belege, restliche DDR-Währung sehen. All unser Papierkram war plötzlich wertlos. Es hob sich plötzlich der letzte Schlagbaum steil hoch. Der Uniformierte legte noch einmal die Hand an die Mütze, gleichgültiger, uninteressierter schon. Wir waren für ihn keine Person von Interesse mehr. Dann rollten wir los. In der Ferne das hohe, bläuliche Flattern der alliierten Fahnen. Darunter das Schwarz-Rot-Gold der Bundesrepublik. Die grünen Uniformen der Zöllner. Ein Gefühl von Zuhause, wie sie einen prüfend anblicken, gutmütig, etwas skeptisch, wie sie fragen: Sie kommen nicht aus Westberlin? Sie kommen aus der DDR, ajah? Wir haben schon gelesen: Journalisten. Sie haben ein Formular in den Paß gelegt. Sie sagen: Die Visagebühr können Sie sich bei der Post erstatten lassen. Gute Fahrt!

Man fährt aber nicht. Man fährt nur ein paar Meter, schert dann nach rechts aus, bleibt auf dem großen Parkplatz stehen. Man steigt nicht aus. Man bleibt sitzen, stellt den Motor ab, starrt eine Weile vor sich hin, denkt, grübelt, faßt sich an die Stirn, als könnte man da etwas wegnehmen, und sagt plötzlich in die Leere hinein: Also sag mal, wie war das nun eigentlich? Wir sind doch jetzt wieder hier, zu Hause. Du, sag mal, ich meine, wie war es wirklich? Ich weiß es nicht. Und dann steht man nach einer Weile doch auf, klettert aus dem Wagen, spürt ein Gefühl von Erleichterung. Es ist gut, wieder hier zu sein, zu Hause. Und dann geht man etwas ungelenk und ratlos in die Raststätte, setzt sich im Restaurant an einen günstigen Fensterplatz und beobachtet noch eine Weile durch die Gardinen, wie andere Autos über die Grenze kommen, andere Menschen an Schaltern abgefertigt werden, und sieht alles eine halbe Stunde lang noch mit den gewohnten Augen des DDR-Bürgers. Man sagt: Gott, so anders ist das hier auch nicht. Weißt du noch die HO-Gaststätte in Halberstadt, die von außen so verrottet wirkte? Im Inneren war sie doch eigentlich genau so modern und freundlich, oder? Man sieht die Preise auf der Speisekarte und sagt: Na, in Magdeburg hätte das Schnitzel höchstens DM 3.80 gekostet. Findest du nicht, daß die ziemlich teuer hier sind, im Westen? Man beobachtet die Menschen in der Autobahn-Raststätte, man prüft zweimal Deutschland. Wenn man ehrlich ist, muß man sagen, es ist nicht möglich, zuverlässig auszumachen, ob die Leute, die hier sitzen, nun aus Leipzig oder Frankfurt, aus Rostock oder Hannover sind. Man kann sich da irren. Auch Rentner von drüben sehen nicht anders aus als Rentner hier. Rentner sehen überall gleich aus: überflüssig.

Dann öffnet sich plötzlich die Glastür; mit einem frischen Windzug kommt ein junges Paar herein. Der Junge trägt einen weißen, zottigen Pelzmantel. Er hat lange, blonde Engelshaare. Das Mädchen, dunkelbrauner

Garçonschnitt, kommt in brandroten Hosen, die in hohen, braunglänzenden Schaftstiefeln stecken. Oben trägt sie eine Jacke, die man nur als wild bezeichnen kann: so bunt, so schwer, so fransig. Und aus der Art, wie sie sich nun breit machen mit ihren Säcken und Taschen, wie sie sich setzen, räkeln, eine Zigarette anzünden: all diese hochmütig-schönen, arrogant-gekonnten Gebärden junger Leute heute, erkennt man sofort: zwei richtige Westmenschen, Gammler, bunt und verrückt. Und man sagt: also so etwas zum Beispiel, so etwas kann nur von hier sein. Es klingt Befriedigung mit, wenn man sagt: drüben wären die doch undenkbar, einfach unmöglich.

Einen Augenblick ist alles klar. Man hat einen Haltepunkt gefunden: diese grenzenlose Freiheit der Jugend hier, ihre süße und freche Provokation, anders zu sein, das zum Beispiel ist ein verläßlicher Unterschied. Die Magdeburger Jugend wirkte ganz anders: so brav und adrett, wohlgezogen und sauber. Sie wirkte sehr bürgerlich. Sie war auch viel höflicher. Sie konnte aufmerksam zuhören, überlegte lange, ehe sie eine Antwort gab. Aber dann merkt man nach einer Weile, daß das nicht ausreicht. Das ist doch nicht alles. Sag mal, wie war es denn nun eigentlich drüben – im Ganzen? Ich weiß es nicht.

Man hatte sich gleich am Anfang vorgenommen: nun sei einmal still, halt den Mund, sieh dir alles an, denk dir deinen Teil. Man hatte immer mit diesen selbst eingebauten Bremsen gelebt. Man sagte nicht: also das finde ich ja gräßlich, diese Versammlungen Ihrer Hausgemeinschaften, diese Dampferausflüge aller Mieter im Haus, wie abscheulich. Man sagte: ahja, so wird das bei Ihnen gehandhabt? Interessant, neuartig, merkwürdig. So? Natürlich widersprach man manchmal, sagte man auch seine Meinung, aber nicht so, wie wir das hier im Westen untereinander tun: einfach raus damit, einfach so hinwerfen eine andere Meinung. So frei war man nicht, zum Teil nur aus Höflichkeit. Jetzt lockern sich diese Bremsen.

Später dann, nach dem Essen, schon etwas müde, diese andere Müdigkeit, die einen nach langer Spannung befällt, steigt man dann wieder ins Auto, läßt den Motor an, legt den Gang ein, gibt Gas und fährt zurück – zurück nach Deutschland. Man denkt: Das mußt du jetzt alles noch einmal durchbuchstabieren, jetzt auf der Fahrt. Du mußt dich noch einmal an alles erinnern.

Unsere kleine Stadt

Das Interhotel in Magdeburg war besetzt, überfüllt, ausgebucht. Die Schierker Woche, hieß es, unser Ärztekongreß. Wir haben Sie in Schönebeck untergebracht: Es ist nur sechzehn Kilometer von Magdeburg. Solche Regiefehler im Sozialismus haben ihre Vorteile. Man kommt so richtig rein in den Alltag, es gibt keine Potemkinschen Dörfer. Interhotels sind doch auf der ganzen Welt gleich. Man sagt: Wie schade, ja, ja, natürlich, da ist nichts zu machen. Schönebeck, was ist das? Mit dem Wagen ist das doch nicht schlimm, die paar Kilometer. Und denkt: Das ist doch genau das, was du immer wolltest, was du suchtest: DDR-Provinz. Saubere, graue, flache deutsche Provinz, das fehlte dir doch auf der deutschen Karte. Man ist so oft in Ostberlin gewesen: kennt das doch hinter dem

Brandenburger Tor, etwas. Wer aber kommt nach Schönebeck? Die Abenteuer deutscher Nähe.

Worin liegt das heimliche Vergnügen solcher plötzlichen Abstürze in die Provinz? Vielleicht, daß man zunächst auf so überzeugende Weise alle Erwartungen bestätigt bekommt, die man mitbrachte? Siehst du, es ist genau so, wie man es sich dachte. Nein, es ist eigentlich noch etwas schlimmer, oder? Wonach riecht es denn hier? Man hat die eine Hauptstraße der kleinen Stadt renoviert. Riecht es danach? Man hat die Hausfassaden alle neu angestrichen in sauberen, hellen, etwas lustlosen Farben, es sieht von weitem doch freundlich aus, aber wenn man dann zum erstenmal mit dem Wagen durch die Toreinfahrt in den Hof des HO-Hotels am Salzturm fährt, denkt man: eijaja, das kann doch nicht sein, mein Gott, das ist doch nicht möglich – in Deutschland. Es sieht ja genau so aus, wie Strauß und Springer oder der Herr von Guttenberg es immer behaupten: das Elend in der Zone. Schreib nur darüber nichts. Laß das weg: rissige Wände, uralter roter Backsteinbau, preußische Strenge, verwittert, das Giebelhaus ist schon etwas verzogen von der Last der Vergangenheit. Es wirkt verrottet, stehengeblieben seit 1928 – ich darf es doch sagen? Auf dem holprigen Kopfsteinpflaster liegen Küchenreste herum, Salzkartoffeln von gestern, das Ausgeputzte von Gemüse, das man vom Küchenfenster hinausgeworfen hatte. Das Herausgeworfene bildet im dunklen Naß dieses Novemberabends eine glitschige Masse, die süßlich riecht. Sei bitte vorsichtig beim Gehen jetzt, sage ich koffertragend, hier kann man ausrutschen. Sag mal, sehen das die Leute hier eigentlich nicht mehr? Wo sind wir denn?

Es ist ein zwiespältiges Erlebnis, als Bundesbürger plötzlich in der tiefsten Provinz des Sozialismus zu leben. Man muß sich an vieles gewöhnen. Diese ungeheure Dunkelheit der Städte zum Beispiel, sie erschreckte mich. Es gibt nur ganz wenige Straßenlaternen im Zentrum. Dreiviertel der Stadt liegt in stockschwarzer Nacht. Manchmal fällt auch das Licht im Hotel aus: Stromsperre heißt es: Der Kraftstrom ist jetzt ein Engpaß bei uns. Man kommt aus einem Staat, in dem Licht und Helligkeit fließen und gleißen, merkt man erst jetzt. Und plötzlich zwischen Magdeburg und Schönebeck ist man in einer Finsternis, die schwarz und traurig und undurchdringlich ist. Manchmal aber auch, an ein oder zwei Kreuzungen, plötzlich ein weißes, schneidendes Licht. Da stehen plötzlich zwei ganz moderne, riesige Bogenlampen mutterseelenallein und verbreiten ein sinnlos helles, weißblaues Licht. Es wirkt wie das Licht von Wachtürmen, so scharf, so stechend. Was heißt denn hier Engpaß? sage ich: pure Stromverschwendung, aber da reißt es schon wieder ab, wird wieder stockfinster. Weltnacht fällt ein. Man fühlt sich verloren im dunklen All. Fahr langsam: da vorne geht doch ein Mensch?

Das Hotel hat andere Eigenheiten. Früh um sieben poltern die fröhlichen Delegationen durch das Treppenhaus. Es sind junge Funktionäre der unteren und mittleren Chargen, die in solchen Provinzhäusern untergebracht werden. Junge Männer, junge Frauen Ende Zwanzig, Anfang Dreißig, die ungeheuer laut, fröhlich und tatendurstig sind. Sie laufen, als wenn sie Schaftstiefel trügen. Sie sprechen sächsisch, rufen, singen, lachen dröhnend laut. Sie schlafen natürlich getrennt. Die jungen Männer klopfen um 6.30 Uhr an die Zimmer der

Mädchen und rufen im Jargon leutseliger Wehrmachts-Unteroffiziere: alles aufstehen, fertigmachen, antreten, los Kinder, dalli! Sie kichern, rütteln einen Augenblick lustvoll an den Klinken der Mädchentüren, stürmen dann wieder nach oben – in Delegationen. Ein dröhnendes Lachen versackt hinter zugeschlagenen Türen. Später dann hört man ihre Wagen im Hotelhof anfahren. Es scheppert. Sie haben ihren Wartburg oder Trabant bei sich und rangieren nun mit aufheulendem Motor und ungeheuren bläulichen Gaswolken im Hof hin und her. Es riecht nach Minol, nach süßem, eiligem Fortschritt. Vertreter im Sozialismus, schon 8.30 Uhr sind alle weg.

So gegen halb zehn, wenn wir zum Frühstück herunterkommen, sitzt immer schon Frau von Rantzau da. Der Speiseraum ist wie eine Bahnhofsgaststätte 3. Klasse. Die meisten Stühle umgekehrt auf den Tisch gestellt. Putzfrauen sitzen in der Ecke, frühstücken auch, blicken uns mißbilligend an. Der kalte Rauch, der Biergeschmack von gestern abend steht noch im Raum. Frau von Rantzau sitzt an einem sauber gedeckten Frühstückstisch. Sie ist vielleicht Ende Sechzig. Sie sitzt vornehm, immer etwas pikiert und störrisch da, streicht sich die frischen Brötchen mit jener köstlichen Fleischwurst, die man ›vom Lande‹ nennt, auch hier. Man erkennt an der Art, wie sie das tut: nachdenklich, immer etwas beleidigt und betont allein, was sie ist: ein Klassenfeind. Frau von Rantzau sagt uns jeden Morgen beim Frühstück im HO-Hotel Schönebeck, wenn sie in die frischen Brötchen der Arbeiterklasse beißt: Bitte, daß Sie mich nicht mißverstehen. Ich bin legal gegangen, Sie dürfen mich nicht für einen Flüchtling halten. Ich genieße die Unterstützung der Behörden hier. – Sie hält immer noch auf Ränge und

Privilegien, während sie kaut. Sie schluckt dabei so viel hinunter, widerwillig: daß sie hier einmal eine Adlige, eine Kapitalistin war, so eine Art Ostelbierin, ihr Land liegt gleich hinter dem Strom, die heute in Wiesbaden lebt und jedes Jahr für ein oder zwei Wochen nach Schönebeck kommt, um, wie sie sagt, Besitzverhältnisse zu regeln. Sie regelt seit sieben Jahren mit den Behörden und bekommt doch tatsächlich vom Rat der Stadt für jeden Aufenthaltstag blanke Ostmark 15 ausgezahlt. Kleine Apanagen, dem Klassenfeind von der Arbeiterklasse gewährt. Das Geld hat sie nicht umstimmen können. Sie sagt immer: Iwo, ich sage doch nichts, ich sage gar nichts, iwo. Sie sagt es mit einem bösen Lächeln. Gehen Sie doch einmal an die Elbbrücke, sagt sie, fahren Sie doch einmal nach Salzelmen. Sie müssen sich das einmal ansehen. Ich sage Ihnen, früher war Schönebeck reizend. Das Hotel hier hieß ›Preußischer Adler‹, zu unserer Zeit. Nein, ich sage nichts. Ich denke doch nicht daran.

Ja, diese störrische, alte Dame hat leider so unrecht nicht. Unsere kleine Stadt sieht böse aus. Ich frage mich aber, war es je anders? Sah es für die kleinen Leute, die Arbeiter, je anders aus? Schönebeck ist heute ein Zentrum des Traktorenbaus, Munition wird hier produziert. Ein graues, fleißiges, schäbiges Industriestädtchen, an den Rändern zerfallen, die Häuser zerbröckeln. In grünen Postkästen an Haustüren steckt überall ›Neues Deutschland‹, wie von Ewigkeit her. Im Zentrum ein Gewirr von Fabriken. Überall Industrieanlagen: Schornsteine, Eisengestänge, Fabrikportale, Stechuhren. Jeder, der aus dem Portal kommt, schließt da an einem Schalter herum, nimmt die Aktentasche in die Hand, geht auf die Hauptstraße, die nachmittags um fünf wimmelt von Menschen, die einkaufen. Manchmal hört man Lokomotiven pfeifen, eine eiserne Welt. Das hier ist Preußen, denke ich, das hier ist deutsches Kernland, ungeschminkt. Es kommt noch etwas anderes, Fremdes hinzu: ein Hauch von Rußland. Schönebeck? So ungefähr muß man sich Sowjetdeutschland vorstellen: Preußentum und Sozialismus.

Immerhin, der ›Preußische Adler‹ ist deutlich volkseigen. Des Abends sitzen die Arbeiter im Hotel-Restaurant. Biergeruch, Zigarettenqualm, es riecht aus der Küche nach Bratensoße. Ein junger Kellner, der einen abgewetzten Smoking trägt, serviert pausenlos. Er bedient die Gäste nicht schlecht: Sie essen Kohl und Rindfleisch, Hammelkeule oder Rinderroulade mit Rotkohl. Für Gäste, die auf sich achten müssen, gibt es auch Schonkost: Spaghetti mit Schinken und Ei: das kostet 2.65. Dazwischen trinken sie Schnäpse, viel Bier, reden, reden pausenlos in den nächtlichen Qualm hinein: unsere Brüder und Schwestern, da hast du sie. Man hat nicht den Eindruck, daß sie auf uns hier gewartet haben. Sie blicken uns mißtrauisch und forschend an. Keiner beginnt ein Gespräch mit uns. Wir sind hier Fremde. Ich sage: also wenn das kein Ausland sein soll, wie Willy Brandt uns sagt?

Später kommt ein ganzes Rudel Mädchen herein. Sie kommen keß, munter, sehr selbstbewußt auf stämmigen Beinen. Die Oberschenkel der Mädchen sind auf eine provozierende Weise nackt. Sie tragen Miniröcke. Schönebecks Mädchen tragen die kürzesten Miniröcke, die ich je sah: geradezu schamlos, nein, sagen wir es genauer: charmelos. So kurz, daß gerade der Schritt noch oben bedeckt ist, und das Ganze wirkt gar nicht so reizvoll, sondern rüde, unglaublich roh. Es wirkt eigentlich ein bißchen vulgär, diese kleine, neue Freiheit in Preußens Sozialismus. Daß sie immer alles so übertreiben müssen. Oder liegt es nur daran, daß die Röcke wohl alle selbstgeschneidert sind? Es geht kein Spiel, keine Aufforderung, kein Flirt davon aus, sondern sagt nur: Wir sind doch modern, nicht wahr? Die Männer blicken kaum auf zu den Mädchen.

Die Schokolade-, Butter- und Vanillecreme-Torten der DDR sind die höchsten und monumentalsten, die ich je sah. Sie demonstrieren Fortschritt, und natürlich erinnern sie unsereinen sogleich an die Architektur im Hochstalinismus. Sie wirken wie kleine, süße Wolkenkratzer: braun, gelb, grün, durch die man sich durchlöffeln kann. Und die Mädchen mit den kürzesten Miniröcken der Welt arbeiten sich nun durch die höchsten Torten der Welt, die sie beim Kellner im alten Smoking bestellt haben. Der lief sehr schnell. Sie löffeln und lachen und schmatzen und schwatzen: unsere Brüder und Schwestern. Das ist eine andere Welt: für uns sehr fremd und etwas stillos. Aber leben sie eigentlich so schlecht in dieser kleinen Stadt?

Verhältnisse besonderer Art

Morgens immer die Fahrt nach Magdeburg. Wir hatten gesagt: das macht doch nichts, diese 16 Kilometer, ich bitte Sie. Macht es wirklich nichts? Ein grauer Bleihimmel steht über der Elbe. Die Luft ist rußig und grau wie im Ruhrgebiet. Manchmal steht ein helles, waschblaues Licht über dem Strom, so als brächte es fetzenhaft Erinnerungen an Sommertage zurück. Wo kommt das her? Dann, noch im Trüben der diesigen Magdeburger Börde, auf freiem Feld, die erste Lenin-Mahnung. »Wir arbeiten zu Ehren des hundertsten Geburtstages, wir ehren Lenin, wir ehren die Sowjetunion, wir ehren uns selbst.« Der große Mann blickt vom weißen Pappschild unerhört ernst und streng in Richtung Magdeburg. Sein Kinn ist eine einzige vorwärtsstürmende Gebärde des Willens. Lenins Kinn sagt uns jeden Morgen auf freiem Feld: Ich will den Sieg in Magdeburg. Dann die ersten Vororte, wie überall an der Peripherie der Industriestädte: trist, monoton. Es wirkt alles etwas mürber, etwas müder als bei uns. Industriestaub liegt bräunlich darüber. Es fällt einem wieder der langsame Schritt der Menschen auf, die Gangart von Rentnern, die hier alle haben.

Der Verkehr nimmt jetzt zu. Lastwagen donnern vorbei, hochbepackt mit Eisenröhren. Dazwischen die breiten, kastigen Fahrzeuge der Roten Armee; ihr stumpfes Grün fällt auf, ein Grün der Ämter. Auf der Rückseite Sowjetsoldaten, die kerzengerade und steif sitzen wie Holzpuppen. Sie grinsen nicht beim Überholen. Dann plötzlich Türme, Rohre, Schlote. Ein blaues Schild verkündet uns jeden Morgen: VEB Schwermaschinenbau Georgi Dimitroff. Geballte Industrielandschaft. Aus Straßenbahnen steigen Schichtarbeiter aus, vorsichtig langsam, unwirsch. »Die Fabrikbesitzer«, hatte uns jemand gesagt. Er meinte es nicht ironisch. Er sagte ganz ernst: Wir bringen jetzt unseren Arbeitern bei, daß sie wirklich die Eigentümer ihrer Werke sind. Ich fragte: Wie macht man das?

Magdeburg ist heute eine wichtige Industriestadt. Walzwerkausrüstungen, Kräne, Raupenschlepper, komplette Chemieanlagen werden hergestellt. Die Stadt ist einer der Schwerpunkte, die mit dazu beitrugen, daß die DDR heute die zweitgrößte Industriemacht Osteuropas ist und das spürt man hier. Man spürt den Fleiß, die graue Monotonie aller Industriereviere. Sehr viel anders sieht das in Lothringen oder im Ruhrgebiet auch nicht aus. Nur ist hier alles viel sauberer, aufgeräumter. Das ergibt die kahle Ausgefegtheit von Kasernen und Exerzierplätzen. Das Unscharfe, Teigige im Gesicht der Menschen. Nicht blond, nicht schwarz die Haare, Mischvolk. Man spürt nur Willigkeit: aus denen kann man vieles machen, wie aus Brotteig.

Die Innenstadt wurde noch 1945 durch Luftangriffe zu neunzig Prozent zerstört. Magdeburg war wohl nie eine schöne und einladende Stadt, aber so, wie die City jetzt wiederaufgebaut wurde, hat sie doch hellere, modernere, freundlichere Züge bekommen.

Natürlich ist der starre Schematismus aller sowjetischen Stadtplaner sofort zu erkennen. Die Karl-Marx-Allee, die Wilhelm-Pieck-Allee sind große breite Boulevards mit mächtigen Neubaukästen, an deren Fassaden man auf eine sozusagen schamlose Weise die Herrschaftsgeschichte dieser Republik ablesen kann. Warenhauspaläste und Wohnblocks noch im böse verschnörkelten Stil des Hochstalinismus: wie sich da alles windet und dreht und verstellt. Daneben die gemäßigte Modernität der Chruschtschow-Ära, sozusagen ein gigantischer sozialer Wohnungsbau. Dann langsam die Freigabe der westlichen Architektur, unklare Übergangsformen, und daneben wieder aus jüngster Zeit ganz moderne und verwegene Architektur. Hochhäuser in Glas und Chrom genau wie in Frankfurt oder Düsseldorf. Herrschaftsgeschichte ist hier zu besichtigen – an Häuserfronten.

Im Zentrum das Restaurant Prag. Ob es an diesem Namen liegt – ein Name, der den Menschen hier immer noch im Magen liegt, schwer und unverdaulich –, daß sich jetzt gerade hier gern Magdeburgs Intellektuelle, Studenten, Schüler treffen? Ein Hauch von Abweichung liegt in der Luft, ein Rüchlein von Protest. Natürlich sitzen auch Uniformierte, auch Hausfrauen dazwischen und wirken beruhigend. Und natürlich fällt unsereiner dazwischen immer noch ein wenig auf. Nicht so sehr durch die Kleidung, mehr durch die andere Art des Benehmens. Westmenschen blicken neugieriger, lachen ungezwungener, rufen ungeduldiger nach dem Kellner. Es muß einem jungen Mann aufgefallen sein, diese unsere andere Art des Benehmens, denn er hat sich plötzlich von seinem Stuhl erhoben, kommt an unseren Tisch, bleibt davor stehen: kampfeslustig. Er ist blond, hat ein bleiches Gesicht, vielleicht Mitte Zwanzig. Er trägt eine schwarze Lederjacke. Alles an ihm ist flammender Protest – in Magdeburg. Und der junge Mann muß wohl etwas verwirrt oder betrunken sein, denn er beginnt uns plötzlich stehend, manchmal etwas schwankend, das Wodkaglas in der Hand, laut eine Rede zu halten, die wir nicht hören wollen, die wirkt, wie von Axel Springer bestellt. Ja, wir sollten das doch einmal wissen, sagte er: Er sei Student gewesen, aber man habe ihn relegiert, er sei ein Schriftsteller, aber werde natürlich nicht gedruckt, er sei ein Nietzscheaner, aber bekomme hier keine Nietzschebücher. Ob wir ihm nicht Zarathustra besorgen könnten? Dann kippte er seinen Wodka herunter, würgte und schwankte etwas, faßte neuen Mut und rief plötzlich laut, mit der schweren Zunge der Betrunkenen: Ach, eine Scheißrepublik, wissen Sie, ein beschissener Staat, wenn ich nur raus könnte aus diesem Land. Wissen Sie einen Weg?

Nicht daß er das sagte, war das Verblüffende. So etwas, ungefähr, erwarten wir ja durchaus. Daß niemand im Restaurant Prag daran Anstoß nahm, daß kein Uniformierter aufstand, kein Kellner ihn zurechtwies, nicht einmal ein leerer Raum um ihn entstand, das war für mich eine Überraschung. Es ging eigentlich alles so weiter wie früher. Man ließ ihn schimpfen. Er schien hier bekannt zu sein als ein Spinner und Randalierer. Ach der, sagten später die beiden Studenten, als er schon weg war, der ist doch ein Wrack, immer betrunken, der haut doch jeden Fremden an, das sind doch nicht unsere Probleme. Was sind sie denn, fragte ich neugierig zurück, wie ist es denn wirklich?

Die beiden an unserem Tisch sahen adrett, sauber, strebsam aus. Sie hatten Hefte, Kollegmappen bei sich. Magdeburger, die in Potsdam studierten. Sie wollen einmal Lehrer werden. Und sie erklärten uns später ruhig, zurückhaltend, immer rechnend mit einem Kugelschreiber in der Hand, daß die materiellen Bedingungen für Lehrer in der DDR so reizlos seien. Sie würden nie etwas Richtiges verdienen, das sich lohne, erst 500, dann 600, vielleicht dann 800 Mark mit Familie – aus. Das reicht gerade so, um über die Runden zu kommen, aber man wolle später doch mehr. Es waren zwei richtige künftige Wohlstandsbürger der DDR, die davon träumten, wovon jetzt hier viele träumen: eine Wohnung, ein Auto,

Reisen, vielleicht ein Wochenendhäuschen am See: private Freuden. Nur nichts von Politik. Sie sahen die beiden deutschen Staaten ganz unideologisch, rein materiell und rechneten mir immer mit ihrem Kugelschreiber vor, was ein Auto, ein Fernseher, ein Anzug hier und bei uns kostet. So ungünstig war das Ergebnis nicht. Es geht ja schon, sagten sie, nur euer Geld hat einen Wert, für den es sich lohnt zu schuften. Hier springt zu wenig raus.

Abends sind wir dann ins Interhotel Magdeburg gegangen. Ein exklusives Haus, wo wir eigentlich hätten wohnen müssen. Wir hätten manches versäumt – in Schönebeck. Der Saalchef bat uns, zunächst im Salon Platz zu nehmen, es sei überfüllt. Wir hatten wieder mit den kleinen Umständlichkeiten aller sozialistischen Länder zu kämpfen, die mich immer so reizen. Immer, man kennt das, muß der Mantel so feierlich wie in der Staatsoper abgegeben werden. Die Garderobe war überfüllt. Die Garderobenfrau verweigerte die Mantelannahme, so daß es eine Weile so aussah, als würde aus unserem Abendessen nichts werden. Sie hatte ein Schild ausgehängt: Garderobe geschlossen. Viele Gäste standen hilflos mit ihren Mänteln herum. In solchen Fällen, heutzutage, muß man in der DDR nur sehr große Trinkgelder geben. 10 oder 20 Markscheine, also kleine Bestechungsgelder – dann geht es. Plötzlich war Platz für die Garderobe da. Es hatte etwas Papiergeld in der Hand des Saalchefs geraschelt, plötzlich war auch ein Tisch für uns frei, und wir saßen nun unter den Ärzten der Schierker Woche und waren wieder überrascht über die Bemühtheit der Kellner hier. Weltniveau wird hier angestrebt. Aber ist das Weltniveau? Die Kellner in New York oder Paris kennt man eigentlich nur als rüde und lahme Zumutungen. Die Kellner hier zeigten die feine und ausgesuchte Höflichkeit alter Schule. Sie sagten immer: Wenn ich mir eine Bemerkung erlauben darf, wenn ich Sie noch auf dieses aufmerksam machen darf, wir hätten da noch etwas ganz Exquisites. Sie legten dabei die Ohren an.

Das Arztehepaar an unserem Tisch war deutlich bemüht, die Republik in gutes Licht zu setzen. An der Art, wie sie nicht fragten, wo wir her seien und wie wir es hier fänden, merkte man sogleich, daß sie im Bilde waren. Und es ergab sich nun ein Tischgespräch, das für das Verhältnis der beiden Staaten heute nicht ganz untypisch schien: Eiertänze drumrum. Wir betonten die Gegensätze, was uns alles trennt. Das Arztehepaar lobte das einfache Leben in der DDR. Es sei alles so gesund; die Harzluft, die Kurorte, das Essen und daß die Leute hier nicht so viel Auto führen. Vom medizinischen Standpunkt sei das zu begrüßen. Natürlich könne man jetzt nicht mehr auf Kongresse wie früher nach Hamburg oder London, sagten sie einmal, aber dafür machen wir herrliche Wanderungen. Am Wochenende sind wir immer in Thüringen auf den Beinen. Die Arztgattin wirkte wie eine evangelische Pfarrersfrau, so gottergeben und irgendwie verinnerlicht. Und wir betonten die Barbarei und die Strapazen westlicher Großstädte: die verstopften Straßen, die vergiftete Luft, die Sinnlosigkeit, nach einem Parkplatz zu suchen. Es schien alles ganz natürlich und war doch ungeheuer verkrampft. Wir fragten nicht: Na, wie ist es denn nun wirklich bei euch? Und sie fragten nicht: Und wie ist es denn nun wirklich bei euch? Erzählt doch mal! Wir spielten ein Stück vom Verhältnis besonderer Art.

Der ideologische Schaum

War es im Haus des Schriftstellerverbandes, im Haus des Kulturbundes oder im Haus der Nationalen Front? Das, meine ich, ist einerlei. So etwas findet immer und überall in der Republik statt – von Zeit zu Zeit; eine Konferenz der Werktätigen über Literatur. Es ging um die Frage, ob die Schriftsteller der DDR mit ihren Herbstneuerscheinungen eigentlich auf der Höhe der sozialistischen Menschengemeinschaft seien? Mit dem Wort habe ich mich schon abgefunden. Man liest und hört es hier dauernd. Es soll offenbar andeuten, daß alle Gesellschaften vor der DDR noch tierischer Natur waren. Es fiel mir das schöne, sehr alte, gepflegte Haus auf, in dem die Konferenz stattfand. Eine gut renovierte Jugendstilvilla, innen mit Teppichen und Gardinen so reich ausgestattet, daß es sich gut reden läßt über die Kunst. Es gehört zu der Gastlichkeit solcher Häuser, daß der Besucher großzügig und herzhaft bewirtet wird. Man hatte uns – wir saßen an einem Nebentisch – eine große Schlachtplatte serviert. Es roch nach Schinken und jener rötlichen Landwurst, in die Frau von Rantzau jeden Morgen beißt. Und ich sah und hörte zum erstenmal, wie das ist, wenn das Volk regiert, auch in der Kunst, wenn die Werktätigen mitzubestimmen haben beim Schreiben von Büchern. Es ist schon merkwürdig.

Es ging die Klage um, daß viele Schriftsteller der Republik in ihren Romanen noch immer nicht die Reife und Höhe der sozialistischen Moral widerspiegelten. Eine ältere, dicke Frau mit kolossalen Stempelbeinen, sie sah wie eine Caritasdame aus: so fromm und basedowäugig, sagte immer: diese Fälle von Ehebruch zum

Beispiel, die sich jetzt wieder so häufen in unserer Erzählkunst. Das ist doch nicht richtig, das sollte doch nicht mehr sein. Ich habe darüber schon in der »Volksstimme« kritisch geschrieben. Ein jüngerer blonder Herr mit Parteiabzeichen und scharfen Brillengläsern, der offenbar den Vorsitz hatte, erbat Namen und Titel. Die wurden gereicht. Es wurde ausführlich von einem Roman gesprochen, in dem der Held, ein vorbildlicher Sozialist und Schrittmacher in seiner Fabrik, gelegentlich zu außerehelichen Freuden neigte. Eine jüngere Frau, die aussah wie eine blutarme Volksbibliothekarin, bemerkte: So etwas könne schon passieren, warum nicht – aber ich beanstande, daß in diesem Buch nicht einmal zum Schluß die sozialistische Familie siegt. Wenigstens am Ende hätte uns der Autor die Rückkehr des Helden zu seiner Frau schildern müssen. Eine Weile ging das Problem hin und her, wurde ventiliert, dialektisch bedacht. Man kam allgemein zu dem Ergebnis, daß noch vor zehn Jahren ein solches abwegiges Privatverhältnis denkbar gewesen wäre. Heute aber, im Stadium des vollentwickelten Sozialismus, so erkannte der Herr mit Parteiabzeichen, sei ein solcher Konflikt überholt.

Es gab dann einen längeren ideologischen Exkurs, den der Herr allein memorierte: In der Klassengesellschaft sind solche Ehebrüche normal, aber wir haben doch diese Wolfsgesellschaft längst überwunden. Bei uns sind doch die großen Widersprüche der Gesellschaft gelöst. Es gibt keine wirklichen Konflikte mehr, wie in Westdeutschland. Es gibt natürlich noch Probleme. Das Problem der ehelichen Treue ist denkbar, ist gestaltbar, aber nur im positiven, sozialistischen Sinn. Die Konferenz entschied sich dafür, daß ein Ehebruch im Roman noch eben akzeptabel sei, wenn er sich zum Schluß deutlich als Irrweg herausstelle. Eine Sekretärin notierte, ein Protokollant nahm auf, ein Funktionär versicherte, er werde die Entschließung nach Berlin weiterreichen.

Später dann ging es um das Problem der Sohnesliebe. Es war wirklich wie auf einer Bischofskonferenz in Fulda oder Paderborn. Es wurde von der nämlichen Dame mit den dicken Beinen, offenbar einer Schrittmacherin in Moral, beanstandet, daß ein Junge in einem neuen Roman zum Schluß einen alten Mann findet, mit dem er sich anfreundet. Darüber vergißt er seine Familie. Die Konferenz befand, daß es wider die sozialistische Familienmoral sei, wenn ein Sohn sich von seinem Vater abwendet. Es wurde darauf hingewiesen, daß Hemingway, an den das Buch erinnere, eben noch unter den Bedingungen der kapitalistischen Wolfsgesellschaft geschrieben habe. Im Zeitalter des hochentwickelten Sozialismus hätte der Junge natürlich ins Elternhaus zurückfinden müssen, so wurde nach längerer Aussprache vom Volk entschieden. Die Sekretärin notierte, der Protokollant nahm auf, der Funktionär versicherte, er werde den Beschluß nach Berlin weiterreichen.

Dann gab es zum Schluß noch einen Exkurs des blonden Herrn über die Weisheit des Kollektivs. Er sagte: ganz allgemein müsse man erkennen, daß alle Restprobleme, die heute noch bei uns auftauchen, nur durch die Entfernung des Menschen vom Kollektiv entstünden. Es komme darauf an, den einzelnen, der sich verirrt hat, geduldig und sorgsam ins Kollektiv zurückzuführen. Es sei der Weisheit des Kollektivs überlassen, das zu besorgen. Es gibt nur eine Konfliktsituation noch bei uns, sagte er. Die heißt: Er hat sich vom Kollektiv entfernt.

Ja, ja, ja, sagte Dr. Bernhardt später, als wir in seiner Wohnung noch etwas zusammensaßen, herumklönten: So ist es bei uns, genau so. Er war richtig glücklich über meine Erfahrung. Alles Scheinprobleme, Scheinlösungen, Scheinfragen, Scheinantworten, ein leerer Ritus, den alle zelebrieren und an den niemand glaubt. Die Verlogenheit ist unüberbietbar, und der Zynismus, der daraus entsteht, und die Heuchelei und die Intrigen. Was meinen Sie, wieviele Bücher, Filme, Fernsehspiele hier in den Panzerschränken der Partei liegen, weil sie dieser Idylle von der heilen Welt nicht genau entsprechen? Die Menschen in anderen sozialistischen Ländern, in Warschau oder Budapest, lachen ja über uns: so richtig sture Preußen. Es ist zum Ersticken hier – für Intellektuelle.

Solche Ausbrüche bringen den Westbesucher immer in eine fatale Lage. Man möchte beschwichtigen, beruhigen, einlenken. Irgendeinen Mittelweg finden. Auch Biermann wollte ich immer beschwichtigen in Ostberlin. Man möchte sagen: Immerhin gibt es doch Christa Wolf und Kunert und Hermann Kant bei Euch. So schlimm kann es doch gar nicht sein? Aber dann fangen sie erst richtig an auszupacken: Wie es dem ergangen sei – in Wirklichkeit, und warum der nicht mehr ausreisen darf und die nicht mehr verlegt wird und warum dessen Theaterstück wieder abgesetzt wurde – na und so weiter. Man sticht da in ein schreckliches Wespennest. Ihr habt doch keine Ahnung, was hier los ist, sagen sie. Und man spürt, daß es, wenigstens unter den Intellektuellen hier, einen privaten DDR-Masochismus gibt, der dann ganz plötzlich in dem Satz gipfelt: Und das wollt Ihr anerkennen? Dieses System wollt Ihr auch noch stützen? Man ist dann immer etwas ratlos und möchte sagen: also nun bleibt doch mal auf dem Teppich. Ihr dürft nicht so unpolitisch werden. Die Verhältnisse in der Kultur mögen noch so barbarisch sein. Die beiden Staaten sind doch da. Man muß ihr Verhältnis regulieren.

Wir fuhren nach Hause. Wir fuhren durch das undurchdringliche Dunkel der DDR-Nacht von Magdeburg nach Schönebeck. Im Hotel-Restaurant saß wieder die Arbeiterklasse, aß noch um Mitternacht Rotkohl mit Rouladen, trank Bier und Schnaps dazu. Junge Mädchen in kürzesten Miniröcken löffelten in hohen Schokoladentorten. Das Radio lief. Der Deutschlandsender wiederholte die Betrachtung zum Sonntag. Professor Albert Norden sprach. Der Professor aus Berlin sprach wieder von der sozialistischen Menschengemeinschaft, o weh. Er sagte: eine Gesellschaft in Wahrheit, in Schönheit, in Freiheit. Irgendwie war er in ein ästhetisches Schwärmen geraten am Sonntag und verglich von Berlin-Niederschönhausen aus die DDR mit der griechischen Polis. Wir lösen die platonische Idee ein von der Volksherrschaft. Noch sehen es nicht alle, sagte der Professor, wir sind der Staat in Schönheit, Platos Traum. Und ich sagte leise: Komm, nimm die Schlüssel, wir gehen schlafen! Es ist unerträglich – dieser Schaum.

Unser nationales Kulturerbe

Bußtag Abend. Wir sind zu spät gekommen. Der Gottesdienst ist schon aus in der Dorfkirche. Der Pfarrer steht vor der Kirchentür und verabschiedet die Gläubigen mit kräftigem Handschlag, der Dank und Fürsorge zugleich ausdrückt. Er steht jung, hochgewachsen, blond vor der Kirchentür, ein Mann Anfang Dreißig, mit ruhigem derben Pommerngesicht, das trotzig wirkt. Er steht auf einen Krückstock gestützt. Er hat ein steifes Bein, ich merke es erst jetzt, wie er uns in die Kirche führt, die leer und kalt und ungastlich wirkt, wie Kirchen meistens. Der junge Pfarrer hinkt hinter uns her. Am Altar brennen noch die Kerzen, Gesangbücher liegen steif und dick auf den Bänken. Ein kleines Harmonium erinnert an Schülertage. Evangelische Trostlosigkeit gestern und heute. Ach, was ist Luthertum, Preußentum doch für eine strenge und ernste Sache. Man fröstelt. Und wir sagen, was man so sagt in solchem Augenblick: Wir sind aus dem Westen, sagen wir, wir wollten nur einmal so sehen, weil wir Licht sahen in Ihrer Kirche, sagen wir. Wissen Sie, wir haben doch keine Ahnung, drüben, Sie verstehen das? Man kommt sich ein wenig aufdringlich und taktlos vor, das so zu sagen, in dicke, schöne Wintermäntel gehüllt. Aus dem Westen – ach, das sind hier kaum vierzig Kilometer entfernt, aber es klingt, als wenn man vom Wilden Westen, von Texas zum Beispiel, spräche. Wie, das soll kein Ausland sein?

Aus dem Westen, aus dem Westen, das Wort wird von den hohen Kirchenwänden kalt und hallend zurückgeworfen. Es wird nicht angenommen. Es steht fremd im Raum. Es klingt ziemlich frech und aufdringlich, als ich frage: Wie ist das denn so bei Ihnen? Wieviel Leute kommen denn noch zum Gottesdienst, so ungefähr? Und der große, blonde Pfarrer zögert etwas. Das hat sich wohl noch nie ereignet, daß ein Bundesbürger in diese Dorfkirche der DDR fand. Er denkt nach, überlegt, seine

Stirn legt sich in Falten, die wülstig sind. Er stützt sich auf seinen Stock, lächelt etwas verlegen und sagt: Wissen Sie, das ist unterschiedlich hier auf dem Dorf. Aber so etwa 25 bis 30 kommen hier immer noch im Schnitt. Zu Weihnachten und Ostern sind es mehr. Und dann führt er uns hinaus, schließt das große, schwere Portal, zieht den Schlüssel ab. Man spürt, daß alles viel zu groß, zu mächtig ist für diese kleinen Gemeinden. Nebel, Nässe, Dunkelheit fällt über den steifen Mann, verwischt die Konturen. Er wirkt plötzlich unendlich einsam, verlassen, wie er so dasteht vor seiner leeren Kirche in dieser Nacht des Bußtages. Keine Perspektive, sagt man hier und hofft darauf. Was heißt keine Perspektive? sage ich später im Auto. 25 bis 30 Besucher, das ist fast wie bei einer Dichterlesung bei uns in Frankfurt oder Düsseldorf. Was heißt denn keine Perspektive? Ihr fragt nach der Rolle der Kirche im Sozialismus? Die ist fast wie die Rolle der Literatur im Kapitalismus: schöne, überflüssige Nebensachen. Geist der kleinen Kreise.

Ach, all diese Kirchen, Schlösser und Altertümer der Republik. Wo soll man anfangen? Unser Nationales Kulturerbe in der Deutschen Demokratischen Republik heißt es hier. Das klingt ziemlich stramm und amtlich, es klingt anstrengend: Achtung, stillgestanden, jetzt kommt die Kultur – von oben. Und doch haben sie mit dieser strengen und amtlichen Gebärde hier in der Provinz viel Gutes und Rühmenswertes geschaffen. Das muß auch erwähnt werden: Quedlinburg zum Beispiel – wer weiß das schon im Westen?

Die Stadt liegt mit ihren spitzen, engen Fachwerkhäusern, mit ihrem Schloß, ihrem Dom anmutig und schön da wie ein amerikanischer Traum vom deutschen

Mittelalter. Quedlinburg liegt wie eine deutsche Märchenstadt da, von raffinierten Kulturhistorikern subtil präpariert. Alles ganz eng und hoch und steil: mit einem Wort: süß. Eine Stadt, die schläft. Es sieht aus wie Kinder, die schlafen; eben süß. Quedlinburg ist viel stilechter und einheitlicher als Nürnberg oder Rothenburg ob der Tauber. Wenn sie das einmal von American Express oder Neckermann in Regie nehmen lassen, wäre es bald berühmter als Heidelberg: Melody of Quedlinburg würde es aus allen Lautsprechern quäken. Aber noch ist es nicht so weit. Sie schirmen sich ab, haben Angst vor der Welt, sie wissen gar nicht, was das für Schätze sind. Es ist still und leer und ziemlich langweilig heute in Quedlinburg. Es gab hier Tomaten und Zwiebeln in einigen Gemüsegeschäften. Das war für die Magdeburger Quedlinburgs Sensation. So etwas spricht sich schnell herum im Bezirk: fahrt doch nach Quedlinburg, da gibt es tatsächlich Tomaten, im Winter. – Nein, entgegnet jemand mit aufgeregtem Gesicht, es ist toller. Es gibt Zwiebeln im HO gleich hinter dem Mathildenbrunnen.

Der Dom von Magdeburg begleitet uns jeden Tag bei unseren Irrfahrten durch die Stadt. Da ist doch der Dom? Also bitte rechts rein. Er steht am Elbestrand etwas erhöht über der Stadt. Es soll die erste, schon im Grundriß gotisch geplante Kathedrale Deutschlands sein, aber das merkt man nicht als Laie. Es fällt einem eher der geduckte, gedrungene Baustil dieser Kirchen auf, hingehockte Bauernfiguren, gekrümmter Leib wie bei Barlach. Wehrdome gen Osten, in massigen Steinquadern zusammengezogen, ein Gott, der eigentlich überflüssig ist in diesen Burgen. Im Grunde wirken die Kirchen sehr wilhelminisch, wie Hohenzollernburgen. Sie sind sehr kalt, und vieles ist wie aus dem späten 19. Jahrhundert: Kaiser-Wilhelm-Gedächtnis-Kirche könnte man hier fast zu jeder zweiten Kirche sagen.

Man könnte eine Kunstreise durch die DDR machen. Es würde sich lohnen und einige Jahre lang war das ja auch erlaubt. Ich würde zum Beispiel Halberstadt vorschlagen. Die Stadt, die einmal ein behäbiger, wohlhabender Bischofssitz war, wurde im Krieg zerstört und hat sich bis heute davon nicht erholt. Es mißfällt mir bei diesen Kunstexkursionen, vom amtlichen Führer immer ausführlich belehrt zu werden, daß und wie »amerikanische und britische Terrorbomber« diese schönen Schätze zerstört hätten. Dieser Jargon der Wehrmachtsberichte, Kampfstil aus alter Zeit, hat sich hier gut erhalten. Sprache meiner Jugend, deutsche Faschistensprache, wie oft hört man sie hier: in Verschiß geraten – bei der Partei, Leute auf Vordermann bringen, sich etwas organisieren, die Amis in den Atlantik zurücktreiben. Doch lassen wir das.

Halberstadt selber ist nicht sehenswert heute, aber der Dom ist eine Reise wert. Er ist das schönste und reinste Bauwerk der Gotik, das ich sah, viel schöner noch als das Straßburger Münster. In seiner kalten Größe und kargen Strenge ist er reiner Luthergeist, lange vor Luther. Er ist liebevoll renoviert. Sie haben mit einer Treue und mit einem Geldaufwand, der verschwenderisch anmutet für diese kleine Republik, das gewaltige Haus wieder hergestellt. Kommunisten sind ehrgeizige und fachkundige Restauratoren; man kennt das aus Polen. Sie sortieren, ordnen, numerieren, archivieren und stellen in großen neuen Glasvitrinen ganz modern aus: Wandteppiche, Meßgewänder, Monstranzen, Bischofsstäbe, Juwelen der

Kirche – unser nationales Kulturerbe. Die Perspektive ist gut zu erkennen: Schon im 16. Jahrhundert, hohe Fürstenkultur, weist sie deutlich auf diese Republik, die einmal kommen mußte. Jetzt ist sie da seit 1949. »Die DDR – unsere sozialistische Heimat« steht draußen auf einem Transparent – »ein Vorbild für ganz Deutschland«. Ach, ist das so?

Oder man könnte nach Wittenberg fahren. Zunächst kommt man an endlosen Kasernen vorbei, riesige Militärlager der Roten Armee, Sperrzonen der sowjetischen Streitkräfte. Es erinnert an Mannheim-Ludwigshafen, das andere Gegenstück. Kurz vor Wittenberg wird die Luft säuerlich, giftig, dann stechend. Fäulnisgeruch kommt hinzu. Die großen Produktionsstätten für Phosphor und Phospate liegen hier. Dann reißt die Industrielandschaft ab. Man ist plötzlich von Geschichte, Vergangenheit, von lauter Protestantismus umstellt. Wittenberg war einmal eine wichtige Universitätsstadt Europas – im Mittelalter. Heute genießt es als ›Lutherstadt‹ eine komische und museale Art von Exterritorialität. Die Uhren gehen hier anders. Man kann das Lutherhaus besichtigen. Man kann alles mit eigenen Augen nachprüfen, was einmal der Religionslehrer sagte.

Schöner, moderner, menschenfreundlicher ist das Haus des Melanchthon. Da haben sie in drei Etagen das Leben wiederhergestellt, wie es wirklich war. Der große Mann wird nicht als Genie dargestellt, das vom Himmel fiel. Man erfährt von seinem Elternhaus, wie er so lebte als junger Student, wieviel Dukaten er verdiente als Professor, im ersten, im zweiten, im dritten Jahr, und was ein Dukaten damals wert war. Man konnte dafür eine Kuh, zwei Schweine, drei Schafe kaufen. Man erfährt etwas über die Mieten, Pachtzins, Steuern damals. Sogar die Honorare des Schriftstellers sind sorgfältig ausgewiesen. Sie waren übrigens so ärmlich nicht. Das ist nun wirklich ein fortschrittliches Museum. Warum unterschlägt man bei uns immer die soziale Wirklichkeit?

Wittenberg ist heute so etwas wie ein winziges evangelisches Rom. Protestanten aus aller Welt kehren hier ein, wollen den Geist der Stadt einatmen, wie Katholiken sich am Geruch der Vatikanstadt laben. Amerikaner, Kanadier, Engländer, Norweger, die evangelischen Kirchenführer der Welt kommen immer wieder nach Wittenberg und gehen, vornehm und steif wie Konsistorialräte mit Bäffchen durch die Stadtkirche, betrachten den Hochaltar, der von Lucas Cranach dem Älteren ist, der hier Bürgermeister war. Etwas davon blieb hängen. Sie betrachten am Marktplatz die Schloßkirche, an dessen Pforte Luther seine 95 Thesen angeschlagen haben soll, denn damals war das die Universitätskirche. Die Kuppel des runden Turms sieht wieder zackenreich wie eine Hohenzollernkrone aus. Oder ist es nicht eher ein Kürassier-Helm? Und alle Besucher staunen über den klugen Burgfrieden hier. Natürlich ist auch hier die SED Herr im Haus, aber sie hält sich taktvoll und diplomatisch im Hintergrund. Im Vordergrund sitzt der altangestammte Klerus, eigensinnig und selbstbewußt, ziemlich orthodox. Es wird ja, das muß gesagt werden, von den Kanzeln der DDR erstaunlich freimütig gepredigt, manchmal richtig gewettert gegen Satans Gottlosigkeit heute. Orthodoxie und Dogmatismus, das ist hier alte Schule.

Man spürt; Luthers Schatten liegt noch immer schwer und schützend über der Stadt und redet noch immer von dieser anderen Freiheit eines Christenmenschen. Es sind zwei Reiche gesetzt: das Reich des Satans unten und das Himmelreich. Es gibt zwei Welten: die böse Welt draußen und die gute unter dem Kreuz, in der Gnade, auch zu Hause. Protestantische Botschaft: Die Welt ist gespalten seit Adams Fall. Theologie der Gebrochenheit. Und eben deshalb paßt beides heute ganz gut zueinander: unten und oben. Wittenberg ist eine sehr deutsche Stadt. Man ahnt hier etwas, warum wir Deutschen nun wieder in zwei Reichen leben. Gebrochenheit – unser nationales Kulturerbe.

Lachend durch den Sozialismus

Heute morgen hat Frau von Rantzau beim Frühstück im Hotel Schönebeck wieder gesagt: Daß Sie mich nicht mißverstehen, ich bin kein Flüchtling, ich bin legal gegangen. Ich sage nichts, ich sage überhaupt nichts hier, iwo! – und wir lachten dazu, von Herzen. Ich sagte leise, es ist eigentlich wie von Dürrenmatt: Besuch der alten Dame, diese Hexe. Und dann sagte ich noch leiser, durch das Wort Hexe inspiriert: Vielleicht ist die uns vom Staatssicherheitsdienst hierher gesetzt worden? Ist dir nicht aufgefallen, daß sie abends immer so lange Berichte schreibt in ihrer Ecke? Das kam uns komisch vor; wir quittierten den Gedanken mit Heiterkeit. Eigentlich, und wenn man es recht bedenkt, ist dieser Besuch ganz anders verlaufen, als ich erwartete. Ich rechnete mit angestrengten und ernsten Tagen, mit deutscher Bedrängnis aus Ost, doch so war es nicht. Wir waren meistens fröhlich und haben viel gelacht. Merkwürdig, warum eigentlich?

Schon morgens ging das los. Ich sah zum Beispiel nicht ein, warum man sich im Winter im Hotel mit kaltem Wasser rasieren und mit kaltem Wasser die Zähne putzen soll – jeden Morgen. Ich verschaffte mir also warmes Wasser. Ich verteilte in der Hotelküche vorm Herd wieder ein paar unmäßige Trinkgelder: blanke Scheine Ost. Die Leute hier sagen dann immer: Aber nicht doch, der Herr, das ist doch nicht nötig! – Und ich: Nötig nicht, aber auf der ganzen Welt üblich, und seitdem also steht jeden Morgen um neun Warmwasser, so ein richtiger mittelalterlicher Holzbottich, schön dampfend vor meiner Tür. Ich gieße mir meinen Teil ab, stelle mich dann mit dem dampfenden Bottich vor die Nachbartür, klopfe, rufe: Das Warmwasser ist da! Und schon lachen wir beide.

Dann, beim Frühstück, lachen wir über Frau von Rantzau. Nach dem Frühstück gehe ich in das kleine Lädchen nebenan, um die Morgenzeitungen zu kaufen. Das ist meine Gewohnheit von alters her. Und dann lesen wir beim ersten Tabaksduft rasch die Morgenpresse. Ich sage: Hier NEUES DEUTSCHLAND vom 20. November, das ist für die WELT vom 20. November – zum Abgewöhnen. Wir lesen die VOLKSSTIMME. Das ist doch die Zeitung, wo die dicke Frau, die Schrittmacherin in Moral, schreibt. Steht etwas Neues von ihr drin? Was schreibt sie denn? Und schon lachen wir wieder, ein bißchen. Donnerstags kommt immer die MZ, die Wochenzeitung für Magdeburg, heraus. Ich sage: Das ist DIE ZEIT, sozusagen, man muß sich daran gewöhnen. Wir lesen: Schöner unsere Stadt – Ums schöne Magdeburg – Wir wollen Leninschule heißen! Also das hier mit der Leninschule könnte auch aus der ZEIT sein, sagen wir.

Nina Grunenberg berichtet aus Hessen-Süd: Linke Schüler wollen nicht mehr Kaiser-Friedrich-Gymnasium heißen. Ja, und dann lachen wir wieder etwas. Es soll ja bei kleinen Kindern so im zehnten, elften Lebensjahr eine eigene Kicherphase geben. Sind wir auf diese Stufe zurückgefallen?

Es gibt äußere Anlässe, natürlich. Für unsereinen ist die groteske Spannung zwischen Anspruch und Wirklichkeit ein Faktor der Auslösung. Man möchte manchmal hier weinen, aber tut dann doch lieber lachen. So schlecht ist ja manches gar nicht bestellt. Aber Agitation und Propaganda nehmen bei ihren Parolen immer den Mund so voll und tun das in diesem merkwürdig geschwollenen, aufgetriebenen Parteideutsch, daß der bescheidene Fortschritt ins Lächerliche gezogen wird. In Ostberlin las ich einmal: »Köpenick kämpft fest an der Seite Kubas!« Das ist für einen alter Berliner natürlich zum Lachen. An den Tankstellen der DDR kann man lesen: »Der Minol-Pirol gratuliert dem zwanzigsten Jahrestag.« Wir grübelten eine Weile darüber und kamen dann zu dem Schluß: O arme deutsche Sprache, man kann doch nicht einem Jahrestag gratulieren, höchstens zum Jahrestag. Die Warenhäuser hier tragen, russisch entlehnt, so funkelnde Namen wie Stern, Dynamo, Magnet, Kaufhaus Diamant, obwohl sie solche Schätze nicht bieten. Man denkt: Ein Kaufhaus Müller wäre gut, und lächelt wieder. Zu Hause, die Abteilungsleiterin aus dem Warenhaus, die gerade von einem Qualifizierungs-Lehrgang zurückgekehrt war, sie holte nach einigem Zögern ihre schriftliche Arbeit hervor, die sie nun zur »Objektleiterin« beförderte. Die Examensarbeit ging um das dröhnende Thema: »Macht, Delegation von Macht und das Problem der delegierten Macht im elektronischen Zeitalter.« Ach, sagte sie lachend, früher war es noch schlimmer: da ging es nur um Marxismus-Leninismus. Die schlichte Frau hatte sich mühsam abgerackert mit diesem Wust von Fremdworten, ein spätscholastischer Salat: Sie hatte es nicht geschafft. So hatte sie Glas – Glas ist ein Engpaß jetzt in Magdeburger Geschäften – einem Studenten versprochen, der ihr dann diesen Aufsatz schrieb: steil und hoch, in einer hochgedonnerten Gelehrtensprache. Es las sich wie Sozialtheologie, die vom Himmel troff. Nur mit der Interpunktion haperte es bei dem Studenten. Die Kommas waren falsch gesetzt. Und natürlich nahm sich das in der gelehrten Sprache wieder komisch aus. Wir lachten, etwas traurig, etwas herzlich.

Natürlich ist da noch mehr. Das Doppelbödige der Existenz, das augenzwinkernd durchgelebt wird jeden Tag. Ich wollte zum Beispiel fernsehen – irgendwo. Und es war wieder, wie ich es schon aus Ostberlin kannte. Auch die Magdeburger sehen alle das Westfernsehen – es kommt ganz mühelos vom Brocken: Ost und West. Ich bestand hartnäckig auf Ost und setzte es schließlich durch, eine Programmänderung am Abend, dem Gast zuliebe. Ich sah mir Eduard v. Schnitzlers Montags-Magazin »Der schwarze Kanal« an. Die Magdeburger sagen: Sudel-Ede, und lachen darüber, etwas wegwerfend. Sie sind unheimlich gut informiert über uns. Sie sehen abends immer das westdeutsche Fernsehen. Es ist nicht mehr verboten, obwohl das 1. Programm als etwas weniger schimpflich gilt als das aus Mainz. Sie haben manchmal die Gemeinschaftsantenne, die zweite, im Müllschlucker und kennen also jeden Schlagersänger, jeden Quizmaster, unsere Minister und Bundestagsabgeordneten unheimlich genau. Das ist schon eine etwas makabre Lebensform: tagsüber blicken sie alle nach Moskau, abends zu Hause und jeder für sich in die Bundesrepublik. Und niemand in der DDR, der es einrichten kann, versäumt am Freitagabend den Krimi im Ersten Programm. Es werden Parteilehrgänge deswegen verschoben, stillschweigend. Am Freitagabend sieht nur einer zuverlässig Ost, sagen die Magdeburger: Walter Ulbricht. Der sieht sich das alles sehr gründlich an an Wochenenden, wenn er Zeit hat, und telefoniert dann wie ein guter Landesvater mit Adlershofen, sagt, was gut, was fördernswert und was noch zu verbessern sei. Der Gedanke, daß ein so gewaltiger Apparat wie das Fernsehen am Wochenende nur für einen Menschen gemacht wird, ist natürlich erheiternd. Wir lachten wieder.

Und natürlich gibt es hier viele Witze, politische Witze, die von Mund zu Mund gehen. Kennen Sie den? Haben Sie den schon gehört? Ein Mann sitzt mutterseelenallein an seinem Tisch in einer Autobahnraststätte. Viele Menschen an anderen Tischen. Plötzlich erhebt er sich, steht auf und ruft seinem imaginären Tischpartner drohend zu: Ich lasse auf unseren Staatratsvorsitzenden nichts kommen! Ich nicht! Dann setzt er sich wieder, brütet vor sich hin, reißt sich plötzlich wieder hoch, ruft laut beteuernd in den Saal hinein: Ich lasse unseren Staatsratsvorsitzenden hier nicht beleidigen! Ich nicht!

Die Magdeburger kichern dann schon, sie prusten und lachen, obwohl man noch gar nicht weiß, worauf der Witz eigentlich hinauslaufen soll. Man versteht die Pointen auch meistens nicht. Pointen von guten Witzen setzen eine geschlossene Gesellschaft voraus, an der wir keinen Teil haben: Vergeblichkeit. Siehst du, sage ich, das ist wieder so ein Unterschied, an dem man sich festhalten kann, wie mit den Gammlern. Das gibt es bei uns nicht. Hast Du schon einmal einen Witz über Brandt, über Kiesinger, über Heinemann gehört? Also weiter: lachend durch den Sozialismus!

Grenzgefühle zwei

Ja, so, so ungefähr war es. Es war natürlich viel mehr. Ich weiß, man sollte mit einem solchen Sack von Erfahrungen, mit einem solchen Kraut- und Rübenzeug heute nicht über die Grenze kommen. Man sollte es wirklich nicht. Man fährt wieder zurück über Hannover, Kassel nach Frankfurt, die alte Tour. Und dieses tuend, gasgebend, ausholend, auf der leeren Autobahn vor Hannover wieder rasend, 140, 150, westdeutsches Tempo, spürt man: Es liegt nicht in der Luft – hier. Mit einem solchen Wirrwarr kann man nicht zurückkehren in die Bundesrepublik. Wen wird das interessieren? Wer will das hören? Alte Hüte, etwas aufgefrischt, alte Zöpfe, etwas ironisch onduliert. Wer will denn diese Leier noch hören? Ein paar Leute aus der DDR werden grinsen und werden sagen: Genau so ist es. Es ist genau so. Aber die anderen? Die werden sagen: Hör mal zu, du erzählst uns diese frivolen und komischen Privatgeschichten. Wir wollen die nicht mehr hören. Wir hören doch überall, daß es aufwärts geht im Sozialismus. Die DDR ist immerhin die zweitstärkste Industriemacht im Osten. Und außerdem jetzt – wo sich endlich die beiden Staaten zu nähern beginnen – jetzt kommst du mit diesen privaten Flausen? Es liegt nicht in der Luft.

Und ich sage: Ja, es ist richtig. Ich spüre das auch. Es ist richtig, daß die Produktivität drüben steigt, seit der Mauer. Ich kann nur nicht glauben, daß der Sozialismus dazu in die Welt gekommen ist, um Industrieausstoß zu betreiben. Dann wäre der Kapitalismus auch ganz passabel gewesen. Ich kann von dem Glauben nicht lassen, daß der Sozialismus in der Welt ist, um mehr Freiheit für die Menschen zu schaffen, nicht weniger. Das ist mein linker Unterschied. Ich bestehe auf ihm. Ich komme doch nicht aus Statistiken, sondern aus Magdeburg. Ich komme aus einer Straße, ganz nahe vom Otto v. Guericke-Denkmal. Ich könnte die Nummer nennen, aber ich hüte mich. Ich komme aus einem Haus, einer Tür in Deutschland. Da stand Christine zum Schluß. Es muß doch aufgefallen sein, daß ich sie nie erwähnt habe. Es muß doch bemerkt worden sein, wie flach und schlecht und allgemein dieser Bericht war. Warum wohl? Es fehlten die Menschen, jawohl, und natürlich. Warum wohl?

Aber wie Christine da stand zum Schluß, während wir ins Auto stiegen: wehend, irgendwie aufgeregt, auf eine kitschige Weise besorgt um uns: Wir bleiben doch in Verbindung, nicht wahr, es war doch alles gut hier, nicht wahr, es hat euch doch wirklich gefallen, nicht wahr, und ihr kommt doch wieder, und ihr schreibt doch gleich, wenn ihr drüben seid, nicht wahr? Also, wie ich da einstieg in unseren Westwagen und Gas gab und losfuhr und Christine noch einen Augenblick im Rückspiegel ganz scharf sah: in ihrem aufgeregten Mantel, irgendwie wehend, da wurde mir richtig schlecht einen Augenblick. Ich fühlte so etwas wie Brechreiz vor mir selbst.

Ich dachte: Du bist doch richtig ekelhaft, wie die anderen – wie alle da drüben. Du setzt dich in dieses Auto, fährst los: in einer halben Stunde bist du drüben, hinter der Grenze, wo wir leben. Du wirst alles vergessen, verdrängen, weg damit. Du wirst nichts schreiben. Du weißt doch: Es liegt nicht in der Luft.

Das Autoradio schluchzte, Hannover zufahrend. Es vibrierte. Es zwitscherten junge, muntere Teenager-Stimmen: Was so alles geschieht in der Carnaby-Street. Was so alles geschieht in der Carnaby-Street. Es geschieht gar nichts in der Carnaby-Street, dachte ich – nichts von Bedeutung. Die haben doch keine Ahnung hier. Da geschieht etwas. Was?